·L'Amérique est un mensonge
est le vingt et unième ouvrage publié aux Éditions du Québécois
et le dixième dans la collection « Essais pour un Québec libre »
dirigée par Pierre-Luc Bégin

COLLECTION « ESSAIS POUR UN QUÉBEC LIBRE »

La collection d'essais des Éditions du Québécois vise à donner
aux intellectuels d'ici l'occasion de participer aux débats liés à la question nationale du Québec. La publication de tels ouvrages se veut une
tentative d'alimenter la réflexion sur la nécessité de l'indépendance du
Québec tout en posant un regard critique sur le chemin parcouru, à par-
courir et sur notre situation nationale. Il s'agit de favoriser le débat
d'idées dans le long combat que mène le peuple québécois pour son
indépendance et d'en favoriser l'issue victorieuse.

Les Éditions du Québécois bénéficient pour leurs activités du seul sou-
tien des militantes et militants indépendantistes qui supportent cette
œuvre. Qu'ils soient ici remerciés. À ce sujet, remerciements particuliers
au journal *Le Québécois*, partenaire privilégié des Éditions du Québécois.

RAYMOND LÉVESQUE

L'AMÉRIQUE
EST UN MENSONGE

Convictions, poèmes et chansons

Textes recueillis et réunis par Sylvain Rivière

Éditions du Québécois

Éditions du Québécois
2572, rue Desandrouins
Québec, Québec
G1V 1B3
Tél. : (418) 661-0305
www.lequebecois.org

Réalisation de la couverture : Cocorico Communication

Photographies de la couverture : Michel Boulianne

Suggestions de classement :

Lévesque, Raymond (1928.-)
Rivière, Sylvain (1955 -)

Essais québécois, Politique Québec - Canada, Autonomie et mouvements indépendantistes, Québec, Souveraineté, fédéralisme.

Distributeur : Prologue

Diffuseur :

DLL Presse Diffusion
1650, boulevard Lionel-Bertrand
Boisbriand, Québec
J7H 1N7
(450) 434-4350
www.dllpresse.com

ISBN : 978-2-923365-21-3

Dépôt légal – Bibliothèque et Archives nationale du Québec, 2007
Dépôt légal – Bibliothèque et Archives Canada, 2007

RAYMOND LÉVESQUE

L'AMÉRIQUE
EST UN MENSONGE

Convictions, poèmes et chansons

Textes recueillis et réunis par Sylvain Rivière

Éditions du Québécois

AVANT-PROPOS

Mon cher Sylvain,

   Plus je vieillis, plus je prends conscience du non-sens des valeurs qui motivent les hommes. Entre autres la guerre… bien sûr, ce conditionnement criminel où les États se sont emparés des valeurs les plus nobles telles que l'Honneur, le Devoir, le Courage pour les appliquer à des actes violents qui ne sont, au fait, que Barbarie. Tous ces carnages honorés par l'histoire, qui se pointent même dans des livres scolaires pour conditionner nos jeunes aux massacres à venir. Et ce « drapeau » qui ne sert qu'à mobiliser les peuples, les diviser les uns contre les autres. Conditionnement. Tout n'est que conditionnement. Entre autres l'obligation qui nous est faite de gagner nos vies lorsque cela n'est qu'exploitation de la masse par les puissants. Et cette loi du profit qui n'est qu'une motivation perverse. Le profit, peut-être, mais avec des limites. Tous ces millions, ces milliards accumulés quand les deux tiers des humains crèvent de faim, c'est un non-sens, démentiel. Les hommes ne sont pas tous déments, mais beaucoup des valeurs qui les dominent le sont.

Raymond Lévesque
Québec, le 9 mars 2007

PRÉFACE

Les Îles, le 14 février 2007

Mon cher Raymond,

Content d'être de retour dans mon refuge, ma sauvagerie, mon retranchement aussi nécessaire que volontaire, après une bien belle semaine passée à tes côtés à ressasser autant tes souvenances que tes espérances, ce qui donne lieu à ce livre sans prétention, tenant plus lieu du travail d'artisan que du monde de l'édition proprement dit, puisqu'il ne vise aucun but, ne rêve d'aucun marché, parle pour parler, dit pour vivre, et qu'on le veuille ou non, sera là pour rester, au travers des nombreuses écritures que tu nous as données, que tu continues de nous donner depuis une bonne soixantaine d'années déjà.

Si le martèlement du temps, à travers la censure et le gaspillage de salive des marchands et des bien-pensants a fini par finir par te rendre complètement sourd, fort heureusement pour tout un chacun, tu n'as pas perdu l'œil, ni la perspicacité, ni ce regard neuf et constamment éveillé, révolté, plus surpris que secoué par l'actualité mondiale que tu décortiques, jour après jour, reliquat de ton séjour français, pour voir jusqu'où peut bien aller la bêtise humaine, l'exploitation de l'homme par l'homme, l'épuisement des ressources, la souillure de la planète au nom du profit éhonté et des machines à sous des dictatures ensoutanées de galons et de médailles à deux faces du pouvoir pourri domestiquant l'humanité consentante jusqu'à plus sens.

Cette semaine à tes côtés m'aura permis, encore une fois, de constater et de comprendre que le temps, l'époque, le siècle n'avait vraiment pas de prise sur tes idéologies, ta conscience sociale, ton désir invétéré de souveraineté et ton besoin de dire, encore et toujours, d'écrire, de durer, de perdurer, de témoigner surtout, en continuant inlassablement, jusqu'à ton souffle dernier, j'en suis maintenant assuré, de défendre la veuve et l'orphelin, de dénoncer l'injustice faite aux pauvres et aux parias de notre société, la soumission des soldats continuant de fusiller la liberté aux quatre coins du globe; ta grande compassion pour les malades, les affligés, les laissés-pour-compte de l'univers continue de faire de toi le Bozo-les-culottes que tu as toujours été, que tu devinais bien en chantant : « Quand tu sortiras de prison, personne voudra savoir ton nom, Bozo-les-culottes. Quand on est d'la race des pionniers, on est fait pour être oublié, Bozo-les-culottes. »

Et c'est justement au travers les persiennes ouvertes de cette clairvoyance créative que tu continues de te battre dans ta prison à toi, au travers les barreaux de ta cage thoracique, en résistant justement à tes tympans défaillants que tu continues de te faire entendre, d'écrire, de dénoncer, de refuser, de fustiger pour que jamais l'on oublie ton nom… dans toute sa résonance et sa portée de fer de lance.

Comme tu le dis dans Bozo-les-culottes : « Quand on est d'la race des pionniers, on est fait pour être oublié »… peut-être as-tu raison. Peut-être que tu es fait, toi, le pionnier de la chanson québécoise, des libres-penseurs, des dénonciateurs d'un système capitaliste tirant à boulets rouges sur tout ce qui n'est pas payant, peut-être en somme as-tu raison, peut-être es-tu fait pour être oublié, mais, fort heureusement, encore une fois… pas par n'importe qui… surtout pas par ceux qui te savent, te lisent, te suivent et t'admirent depuis cinquante ans passés.

Heureusement, les écrits restent. C'est peut-être pour cela au fond que tu m'as relancé plusieurs fois, aux Îles, par téléphone et par courrier, pour m'annoncer, comme si je ne m'en doutais pas, que tes derniers poèmes ne trouvaient preneur chez aucun éditeur.

Il faut avouer quand même, mon bon Raymond, entre toi pis moi pis la boîte à bois, que, d'une part, ce n'est pas très vendeur et que, d'autre part, le monde littéraire, les critiques et les bien-pensants commencent à en avoir marre des poèmes véhiculant une conscience sociale, une paix universelle, une démilitarisation massive, une fraternité, un partage mondial ou, franchement, les « hommes vivraient d'amour », hors champ. Pas vendeur, pas d'éditeur, silence et baratte à beurre.

Mais c'est bien mal te connaître que de penser que tu te laisserais museler de la sorte. À coriace, coriace et demi. Chacun son libre-échange. J'allais dire, son livre-échange. Mais, maintenant que les journaux ne veulent même plus publier tes lettres, que tu as refusé de génuflexionner devant la gouverneure générale, que reste-t-il de tes amours, comme le chantait si bien celui qui a influencé tes premières chansons, le grand Trenet?... baisers volés, cheveux au vent, que reste-t-il de tout cela, dites-le-moi... et dans les nuages, le cher visage de ton passé?...

De ton passé qui t'a construit, résolument tourné vers l'avenir, dans une vision surprenante de ce qui adviendra de notre espèce lorsque nous aurons terminé de nous bouffer le nez, de nous tirer le nez du verre, pour voir un peu plus clair en avalant une grande tassée d'eau salée visant à nous purifier, nous conserver, nous assoiffer de l'autre, de celui que l'on ne sait encore, ce frère d'ailleurs, cette sœur d'autrement, pour continuer de croire en cette humanité dans toutes ses possibilités et ce partage ultime que nous n'aurons certainement pas vus parce que « dans la grande chaîne de la vie, pour qu'il y ait un meilleur temps, il faut toujours quelques perdants, de la sagesse ici-bas, c'est le prix. »

Chèrement payé ton devoir de mémoire, ta façon de penser, mais au fond n'est-ce pas ce qui fait ta valeur, ta valeur d'enfant, d'humain, de patriote de l'année et de tous ces titres que l'on t'a décernés au fil des ans, comme pour te fortifier, te dérouiller la voix, te délier la plume, te faire prendre l'air et te porter « un peu plus haut, un peu plus loin », comme aimait le chanter un autre de tes compatriotes, dans nos cœurs de croyants téméraires, en une cause, un pays, une indépendance, une liberté nouvelle, une dignité méritée... mais, ça, c'est une autre histoire, comme on dit dans les contes. Et ton conte à toi n'en est pas un de fées. C'est un conte à souffrance, un conte à recevoir.

Voilà pourquoi, lorsque tu m'as annoncé, au téléphone, que tu viendrais me voir à Montréal lors de mon passage au Salon du livre pour me parler du projet, j'étais bien heureux qu'on mange ensemble et que nous échafaudions une façon d'apporter au monde tes nouveaux textes poétipolitiques, visionécessaires. En se quittant, ce soir de novembre, nous convînmes de nous retrouver pendant une semaine en février afin de travailler à ce projet.

Ce que nous fîmes dans le plaisir et le respect, comme à l'accoutumée, à intervalles réguliers depuis déjà vingt-cinq années.

D'entrée de jeu, tu m'annonças qu'il y avait des choses dont tu voulais encore parler et tu sortis un feuillet où tu avais noté quelques thèmes te tenant à cœur depuis toujours. Et voilà, c'en était fait de la semaine.

J'ai recueilli tes pensées, tes souvenirs, tes interrogations que je traduis ici de bouche à oreille, tant pis pour l'assemblée littéraire. Ce n'est pas le but du livre.

En travaillant à mettre sur papier tes propos, en revisitant ton œuvre, ça va de soi, je fus agréablement surpris de voir que ton combat est le même après cinquante ans à clamer, sur tous les fronts, ton grand désir de justice, qu'il l'était au premier temps de ta création. Ce qui m'a amené à penser qu'il serait intéressant de joindre à tes propos d'aujourd'hui des textes percutants du passé qui ont pavé la voie à ta réflexion actuelle, justement pour que le lecteur fidèle et partant nouveau se rende bien compte de la justesse de tes propos d'hier à aujourd'hui, que malgré le passage du temps, des gouvernements, des façons de dire, d'être, de se vendre, de se racheter ou de penser, la tienne à toi est on ne peut plus conséquente avec tout ce que cela comporte de dérangement à l'amiable et de *politically* incorrect, comme tu es si bien passé maître en la matière.

Voilà pourquoi se chevauchent tes réflexions d'aujourd'hui et tes textes d'hier, sans que l'on y voie de frontières entre ces pays à la fois semblables et différents que sont hier et aujourd'hui. Ceux qui sont trop jeunes pour les connaître les découvriront avec l'enchantement de l'orpailleur, les autres avec la joie de l'antiquaire dépoussiérant une belle pièce à mettre en vitrine.

Dans la dernière partie de l'ouvrage, pour ouvrir sur un horizon neuf, on trouvera tes derniers poèmes, tes textes encore chauds arrivant au monde dans toute la naïveté d'une naissance voulue, tardive, ajoutant à la famille de tes mots, les fossettes des mots et des maux de notre planète en dérive, de tes espérances et de ta grandeur d'âme, comme autant de lance-flammes faisant feu de tout bois pour chauffer les cœurs les plus refroidis sur le coup de midi.

Voici donc, mon cher Raymond, mon humble contribution à l'œuvre de démesure que fut la tienne. Merci pour ta confiance, pour m'avoir offert de partager à tes côtés ce temps précieux, continuant de me montrer à vivre, de l'autre côté de la rive de la ténacité et de l'honnêteté intellectuelle.

En souhaitant que mon humble travail te rende justice, je te salue fraternellement et te dis merci au nom de tous ceux, et je sais qu'ils sont nombreux, qui oublieraient de le faire, de nous avoir pavé la voie à ta façon…

Sylvain Rivière
Les Îles, le 14 février 2007

INTRODUCTION

La terre est un lieu de folie
Où rien n'a de sens.
D'abord l'argent qui écrase les peuples,
Divise les uns contre les autres,
Crée la misère et l'injustice.
Aussi les valeurs militaires
Qui poussent les hommes à s'entretuer
Pour des raisons qui ne les concernent pas.
L'obéissance est une forme de lâcheté;
C'est le nombre qui donne le courage;
Également, l'ombre de la potence.
Et le ciel qui fait que les hommes
Endurent leur sort misérable,
Espérant en un autre monde après la mort.
Démence.
Tout est démentiel.
Il n'y a pas de civilisation.
Celle-ci tient dans l'enseignement du Seigneur.
Le reste n'est que Barbarie.

L'AMÉRIQUE
EST UN MENSONGE - 1

Six milliards d'hommes

Il n'y a pas six milliards d'hommes.
Il n'y en a qu'un... et c'est vous.
Un homme comme vous,
Qui a besoin d'amitié,
D'amour,
De sécurité,
De travail,
Du nécessaire.
Le simple nécessaire :
Manger,
Se loger,
Se vêtir.
Le simple nécessaire,
Si difficile,
Si tragique.
Il n'y a pas six milliards d'hommes,
Il n'y en a qu'un
Qui souffre
Quand on le prive,
Quand on l'opprime,
Quand on le torture.
Ah! la torture!
Celui que l'on torture c'est vous,
Un homme comme vous.
Vous auriez tort de l'oublier.
Il n'y a pas six milliards d'hommes,
Il n'y en a qu'un,
Un homme responsable,
Responsable de la malhonnêteté.
Car un homme malhonnête,
C'est toute la société qui est malhonnête.
Un homme qui ment,
C'est toute la société qui ment.
Un homme qui tue,
C'est toute la société qui tue.

Il n'y a pas six milliards d'hommes,
Il n'y en a qu'un.
Vous êtes responsable,
Je suis responsable,
Nous sommes responsables.
Ce larcin,
Cette trahison,
Cette fourberie,
Reproduits six milliards de fois,
C'est la misère…
C'est l'injustice…
C'est la pagaille…
Six milliards de fois,
C'est vous… c'est moi!
Il n'y a pas six milliards d'hommes.

L'homme d'Amérique

L'homme d'Amérique,
Convaincu de son bon droit,
De ses valeurs,
Ignore souvent ce que cela
Représente vraiment
Pour tous les peuples écrasés,
Exploités,
Sous la férule de régimes
Autoritaires,
Au service des puissances
D'argent.
S'il connaissait les dommages
Causés
Par l'industrialisation sauvage,
S'il entendait les gémissements
De ceux qui meurent par la faute
De ces monstres géants,
Qui n'ont de respect que pour
Le profit,
Peut-être se sentirait-il
Moins à l'aise dans ses vérités
Et sous la bannière étoilée.

Le mensonge

Tel un ordinateur,
Nous sommes programmés.
Mais les valeurs auxquelles
Nous sommes conditionnés…
Sont fausses.
Le mensonge est dans le monde.
Le mensonge nous enchaîne,
Met un prix à notre vie,
Nous attache au travail.
Le mensonge enferme les hommes
Dans une patrie,
Sous les plis d'un drapeau,
Cherchant à créer entre eux un lien
Qui n'est pas réel,
Car notre seule patrie c'est le cœur.
Alors le monde se limite à
Un espace,
Et tout ce qui en est exclu
Est étranger,
Et presque toujours ennemi.
Alors le mensonge envoie les
Hommes à la guerre,
Conditionnant leur esprit
Au devoir, à l'obéissance
Et au crime.
Le mensonge tue la liberté,
Fait écran à la beauté et au
Miracle.
Prenez conscience du mensonge.

L'homme

L'homme,
Trahi dans ses espoirs,
Humilié,
Bafoué dans ses amours, ses talents,
Mortifié dans son corps,
Tourmenté dans son âme par l'inquiétude,
La solitude,
Les regrets,
L'incompréhension,
La mort,
Aveuglé par l'incapacité qu'il a
De comprendre plus ou mieux,
Abaissé par la défaite,
Trompé dans sa confiance
En les autres,
En la vie,
Dupé par lui-même,
Allant sans savoir ce qu'il est,
L'homme, c'est la vengeance des dieux.

Hommes d'argent

Hommes d'argent, vous êtes des criminels.
C'est vous qui avez fait des hommes
Des esclaves.
Vous portez tous les malheurs
Du monde
Dans la froideur de votre avoir.
Vous avez tout sali, tout gâché.
Que de gens simples et bons
Ont eu leur vie rapetissée!
Que d'enfants ont grandi misérables
Par la dureté de votre cœur!
Que d'amours, que de jours,
Que de joies,
Se sont brisés sur les rives
De votre cruauté,
De votre bêtise!

Le péril blanc

Il n'y a pas de péril jaune,
Il n'y a pas de péril noir,
Il n'y a qu'un seul péril,
C'est le péril blanc.
Demandez aux Noirs en Afrique
Ce qu'ils en pensent du péril jaune?
Ils connaissent pas.
Mais qui les a déportés comme esclaves?
Qui les a envahis,
Qui a divisé leur continent,
Volé leurs richesses?
Qui les a fait travailler
À coups de fouet pour
Une cenne par jour?
Qui les a fait crever à petit feu?
Qui a violé leurs femmes?
C'est le péril blanc.
Et les Jaunes,
Qui a occupé leur pays
Pendant des siècles?
Qui les a volés, exploités,
Étripés?
C'est le péril blanc.
Le péril jaune!
Les avez-vous vus envahir l'Europe,
Les Jaunes?
Les avez-vous vus envahir l'Amérique?
Nous exploiter, nous voler,
Nous étriper?
Non.
Il n'y a qu'un seul péril.
C'est le péril blanc.
Qui est au Vietnam aujourd'hui?
Les Esquimaux?
Et les Indiens, qui les a massacrés,

Quasiment éliminés complètement?
Ils étaient tranquilles,
Ils dérangeaient personne.
Et les Incas en Amérique du Sud,
Qui étaient heureux, civilisés,
Qui les a exterminés?
Qui a amené le feu,
Le sang, partout,
Dans les coins les plus reculés,
Au nom d'une supposée civilisation?
Le péril blanc,
Le péril blanc, partout le péril blanc.
Encore aujourd'hui,
Qui occupe, qui exploite,
Qui viole la planète?
Qui empoisonne les mers,
Qui pollue l'air,
Qui peut faire sauter la terre?
Le péril blanc.
Le péril jaune…
Laissez-moi rire!

L'héritage humain

L'héritage humain
Nous vient de très loin,
Transmis de main en main.
L'héritage humain
Est né d'un long chemin
Poli par l'effet quotidien.

C'est la somme de nos connaissances,
Qui allégea le poids de l'existence.
Que d'efforts, que de peines muettes,
Pour la douceur d'une maisonnette!

L'héritage humain
C'est au temps lointain
Un homme qui avait faim.
Et de son courage
Est né le labourage
Ainsi s'écrivit dans les âges.

Le grand livre de nos connaissances,
Qui allégea le poids de l'existence,
À l'effort, la peine de nos frères,
Joignons le nôtre pour le meilleur sur terre.

L'héritage humain
C'est encore demain
Ce que chacun de nous,
De sa courte vie
Aura fait sans bruit
La main à la roue.
Car le monde aussi grand qu'il soit,
Ami, c'est un peu de moi, c'est un peu de toi.

L'ENFANCE

À l'école de la vie

Moi, j'ai été à une maudite école, l'école Olier. Le principal s'appelait Nepveu. Il venait dans la classe pis, là, il tombait en transe. C'était un malade, cet homme-là. Il était fou. Il nous disait qu'on était tous des pécheurs. On avait dix ans, douze ans... « Vous êtes tous des pécheurs pis vous allez aller dans les flammes éternelles. » Nous autres, on avait assez peur qu'on s'accrochait après nos pupitres. C'était seulement de ça qu'il parlait, des péchés. Des péchés de la chair, y'en ont fait une montagne du... cher péché.

J'ai quitté l'école Olier en huitième année. J'avais seize ans. J'étais en retard. Je redoublais. Je ne comprenais rien. Je ne comprenais pas pour la simple et bonne raison que j'étais traumatisé par le climat familial. Je n'arrivais pas à suivre. Alors, je doublais mon année et les professeurs me plaçaient en arrière de la classe et m'oubliaient là. Il n'y avait rien à faire avec moi. Je ne comprenais pas.

C'était une école de quartier violente. Dans ce temps-là, il y avait des enfants en masse. Dans ces quartiers ouvriers, le quartier du parc Lafontaine, c'était toutes des grandes familles, pas riches. Pis les enfants étaient élevés à coups de pied dans le cul. Ça fait qu'ils devenaient violents à leur tour et dans la cour d'école c'était tout le temps une bataille générale. Ça se tapochait sur la gueule tout le temps. Pis moi, j'avais pas l'air de la gang parce que mon père était un peu bourgeois de nature, ça fait que je mangeais des volées. J'ai passé deux ans comme ça. Ça m'a liquidé pour le restant de mes jours.

Dans les écoles d'aujourd'hui, ils enseignent la morale, mais ils ne parlent pas de l'histoire sainte comme dans notre temps. Il fallait apprendre le petit catéchisme par cœur. À quoi ça sert le caté-chisme quand tu arrives dans un monde de voleurs? C'est la société qu'ils auraient dû dénoncer s'ils voulaient vraiment nous rendre meilleurs. On n'était pas méchants, on était jeunes.

Chu parti de là, pis mon père s'occupait plus de moi parce qu'il était trop malade. Il ne m'a pas mis dehors. Je pouvais aller chez nous et dormir là, mais il n'avait plus l'énergie nécessaire pour s'occuper de moi à cause de tous ses troubles. C'est là que j'ai commencé à travailler dans les hôtels, dans les buanderies et, après, j'ai commencé comme *busboy* dans les *clubs*. C'était bien. C'était payant dans le temps.

L'enfance

C'est l'enfance qui fait l'homme,
C'est l'amour qui fait l'enfant.
Quand tous les enfants seront
Aimés
Les hommes seront meilleurs.
L'enfant mal aimé,
Bousculé,
Méprisé,
Arrive dans la vie
Révolté
Et souvent devient méchant,
Se venge,
Méprise à son tour.
Cela fait des hommes cruels,
Impitoyables,
Souvent sans morale
Ni conscience.
C'est l'enfance qui fait l'homme.
C'est l'amour qui fait l'enfant.

Les trottoirs

Avez-vous r'marqué
Sur les trottoirs
Les petits enfants s'amusent.
Avez-vous r'marqué
Sur les trottoirs
Les grands passent et les usent.

Avez-vous r'marqué
Sur les trottoirs
Les petits enfants font des rondes,
Mais les gens pressés
N'ont pas d'mémoire
Et les arrêtent et les grondent.

Avez-vous r'marqué sur les trottoirs
Les p'tites filles jouent à la mère
Mais les p'tites poupées, sans le savoir,
Ont un père à la guerre.

Car sur les perrons
De p'tits soldats
Se livrent dures batailles,
Mais ça n'dure pas long
Quand un soldat
Tombe su'l'derrière et puis braille.

Avez-vous r'marqué
Sur les trottoirs
Les petits enfants se racontent
Toutes improvisées de belles histoires
Qui valent au moins bien des contes.

Quelquefois des grands
Dans l'auditoire
Ridiculisent leur prose.

Ce n'sont pas les grands
vous pouvez m'croire
Qui sauraient faire la même chose.

Avez-vous r'marqué
Sur les trottoirs
Quand on regarde là-haut
On peut voir briller
Dans tout' sa gloire
Le ciel et son flambeau.

Mais les grands qui passent
Sur les trottoirs
Ne voient même plus la lumière,
Car les grands qui passent
Sur les trottoirs
Regardent toujours par terre.

C'est pourquoi mon Dieu
Je vous demande
Si cela est dans votre vue,
C'est pourquoi mon Dieu
Je vous demande
Que les grands marchent dans la rue.

Pour un petit bonhomme

À Frédéric

Je voulais te dire, petit Frédéric, des choses sur le monde et la vie. Je te regarde dans toute la joliesse de ton enfance et je me dis que ce serait malheureux que tes jeunes yeux, que ton jeune cœur ne s'ouvrent pas à la beauté. C'est ce qu'il y a de plus difficile. Le chemin en est souvent long et douloureux. C'est pourquoi je voulais te dire des choses sur le monde et la vie. Car le bonheur a un secret, tout simple, qui est rempli d'admiration devant la splendeur du monde, et aussi plein de générosité, de tolérance, de miséricorde. Car la beauté n'est jamais seule; elle a aussi un frère malheureux qui se nomme l'égoïsme, la méchanceté. C'est alors qu'il faut la bonté, la tolérance. C'est là que s'identifie la valeur humaine.

La nature

Ah oui! je voudrais tant, Frédéric, que tu sois heureux, que le long de tes jours ton cœur s'ouvre aux merveilles du monde, libre de crainte. Que tu connaisses la joie des matins ensoleillés, taquinant un ruisseau, écoutant le chant des oiseaux, admirant les arbres.

Ah les arbres! Frédéric, si beaux… si nobles! Et les fleurs! Dire que tout cela vient de la terre. Un petit grain dans la terre, si petit que si tu l'échappes, tu ne le retrouveras plus. Pourtant, dans ce grain il y a un arbre, une fleur. Regarde bien les fleurs, Frédéric. Admire la finesse de leurs pétales, la merveille de leurs couleurs. C'est cela le miracle; cela et bien d'autres choses encore. La mer, par exemple, si puissante qu'elle peut briser d'une simple colère tout ce que les hommes font de plus puissant. Mais aussi, dans son ventre géant, elle a enfanté la vie, au temps des brumes lointaines et, encore aujourd'hui, elle garde en réserve les continents de demain, quand les nôtres seront trop vieux ou auront disparu.

Je veux que tu admires aussi le soleil qui donne la chaleur de vie. Il est l'énergie, le baume qui fait éclore tout ce que tu verras. Ah oui! je veux que tu sois heureux, Frédéric. Que les beautés de la nature te comblent de joie et te laissent sans tourment devant les hommes.

Au hasard de tes pas, tu rencontreras, quelquefois, un petit frère lapin, un petit cousin lièvre, si jolis dans leur fourrure, pas méchants pour deux sous, avec leur petit nez remuant, leurs si beaux yeux et leurs longues oreilles. « Bonjour, petit frère », leur diras-tu, et tu les aimeras. Tu entendras parler, aussi, des renards, des castors, des ratons laveurs et encore et encore!... Ce sont aussi tes frères, petit Frédéric, et il te faudra les respecter. Tu en verras aussi de plus gros, dociles dans leur cage ou bourrus dans la forêt. Non pas qu'ils soient méchants, mais parce qu'ils craignent les hommes. Il faudra les admirer prudemment.

Mais, de toutes les bêtes, tes meilleurs amis seront le chien et le chat qui vivent près de nous, depuis si longtemps. Le brave chien, tendre, affectueux, généreux, fidèle; et le chat ronronnant sous nos caresses. Tout le long de ta vie, tu les rencontreras et, souvent, bien souvent, ce seront tes confidents dans la solitude et la peine.

L'amitié

Tu sais, petit bonhomme, si tu veux connaître la vraie joie du cœur, il te faudra apprendre à partager. Ce sera là tes moments les plus heureux et ton plus beau partage s'appellera : l'amitié. Comme tu les aimeras tes amis, Frédéric, et comme vous serez heureux ensemble! Que de beaux jours en perspective! Les parties de pêche, les balades à la campagne, les excursions dans les bois. Et quelquefois aussi, l'aventure, bien souvent à deux pas d'une ferme, d'un petit village, mais si éloignée et mystérieuse pour des petits gamins.

Et l'école! Tes camarades de classe resteront à jamais dans tes souvenirs. Longtemps, bien longtemps, tu te réjouiras à l'image du temps heureux de l'école. La camaraderie, les jeux, les blagues, l'école buissonnière, les pensums et les professeurs bougonneux qui ne savaient trop comment discipliner la fougue de notre jeunesse. C'est si beau l'amitié, Frédéric! Le plaisir de partager ses loisirs, son temps, ses pensées; et aussi de sentir que nous ne sommes pas seuls. Tu pourras toujours compter sur tes amis, Frédéric, dans les chagrins, les difficultés. Et je sais aussi que tu seras toujours généreux pour eux. Le partage, n'oublie pas, le partage, le dévouement, sont le secret de l'amitié et, celle-ci, la lumière de tes jours.

Le travail

Au jour des jours, au soleil des soleils, tu grandiras, petit bonhomme. Au temps du temps, comme une fleur, tu t'ouvriras à la vie et les dons que tu auras reçus prendront forme. Peut-être seras-tu un artiste, un homme de lettres; ou encore un menuisier, un peintre, un technicien. Que sais-je? Au fond de ton âme nouvelle se cachent tes talents, qui un jour se laisseront découvrir et s'épanouiront. Alors, tu découvriras la joie du travail. Le travail, Frédéric, c'est la richesse des hommes, la fortune de la vie. Tu trouveras là une de tes raisons de vivre. Il occupera tes plus belles heures. Il te faudra travailler avec amour, selon tes talents, pour rendre hommage à la vie, être un homme et faire ta part dans cette grande maison qu'est le monde. Je te souhaite de ne jamais mépriser le travail et d'avoir le courage de faire fructifier tes dons. Au jour des jours, au soleil des soleils va et mets en lumière les talents que tu as reçus. Ce ne sera pas toujours facile. Il te faudra souvent du courage, de la persévérance; mais les fruits d'un travail bien fait sont une des richesses de notre monde.

Papa – Maman

Je voudrais tant, Frédéric, que tu gardes de ton enfance un doux souvenir. Que plus tard, au long des jours souvent difficiles, tu te rappelles avec tendresse tes jeunes années. Peut-être... un retour de l'école... une promenade... un réveillon de Noël... des vacances au bord d'un lac... dont l'image te sera peut-être imprécise, mais les souvenirs si vivants et si chauds au cœur.

Que tu te souviennes aussi de ton papa, de ta maman avec amour. Un papa, une maman, c'est une grande richesse, Frédéric! C'est tout l'univers des petits enfants. Et les oncles, les tantes, les cousins, les cousines, sans oublier le bon vieux grand-papa, la brave grand-maman. Quel beau royaume et combien heureux sont les petits êtres qui en sont pourvus!

Mais l'enfance a aussi ses peines. Les papas, les mamans doivent parfois gronder leurs petits garçons, petites filles; quelquefois, les petits cousins sont chicaniers, le grand-papa fait des remontrances. Mais ce sont de bien petites choses à côté de la beauté, de la richesse d'un foyer, d'une famille.

Ah oui! Frédéric, que Dieu te garde tes parents longtemps, et que, plus tard, tu puisses te souvenir de tout cela avec joie et reconnaissance!

La charité

Des dons du cœur : l'amitié, l'amour, l'espoir, la reconnaissance, un des plus nobles est la charité. Tu découvriras, au long de ton chemin, que le monde, malgré sa beauté et sa grandeur, est parsemé aussi d'épreuves. Tu verras des êtres malheureux, pauvres; d'autres égarés par la haine, l'envie, l'orgueil. C'est alors qu'il te faudra de la charité, de la grandeur d'âme. Il te faudra savoir pardonner, être patient, comprendre les faiblesses des hommes. Mais aussi tu sauras donner de ton temps, de tes biens. Il te faudra savoir écouter, chercher à comprendre. Car au fond des âmes malheureuses se cache toujours une raison. Au long des heures difficiles, écoute toujours la voix de Jésus; elle parlera à ton cœur et te dira d'être généreux, doux, de ne pas rendre le mal pour le mal. Il n'est pas toujours facile de vivre, petit. Mais tes sentiments les plus nobles seront ton meilleur garant contre la haine et la tristesse.

Le courage

Le soleil se lève, Frédéric, depuis bien longtemps. Il a éclairé, au cours des siècles, la vie de milliers d'êtres humains. Et, chaque soir, il s'est couché sur leurs joies et leurs peines. Car la vie qui donne la joie donne aussi ses peines, ses difficultés. C'est le lot de chacun de nous. Il en est ainsi et nul ne peut rien y changer. Mais, devant les difficultés du monde, il y a une grande force qui permet de triompher de l'adversité, et c'est le courage. Un homme courageux est un homme heureux. Car le courage récompense toujours ceux qui lui font confiance. Le courage, c'est l'espoir, la paix de chaque jour et le bonheur des simples. L'homme courageux est toujours rempli de lumière, car il sait qu'après la peine, il y a la joie. Le courage, c'est la confiance. Dans ce monde aux facettes multiples, dans cette immensité qui nous dépasse, rien ne peut remplacer le courage. Alors, mon petit bonhomme, quand viendra la peine, arme-toi de courage et rien, jamais, rien ne pourra t'atteindre vraiment, car tu seras un homme fort et ton courage te récompensera toujours en son temps. Tu auras la paix de l'âme et la joie de vivre.

Chaque jour...

Mais de toutes ces choses que je t'ai dites, mon petit Frédéric, je vais conclure en te dévoilant un secret tout simple, que j'ai appris tout au long de ma vie. De toutes les choses du monde, le seul bonheur possible est celui de chaque jour. Pas d'hier, pas de demain; de chaque jour. Là tu trouveras la vraie joie de vivre et la paix du cœur. Chaque jour, sois heureux et reconnaissant de ce que tu auras. À quoi bon se soucier d'hier et se préoccuper de demain? Hier n'est plus et tu ne pourras jamais rien y changer : pourquoi t'en inquiéter? Tous les soucis du monde ne pourront te dévoiler ce que sera demain. Chaque jour est ta fortune. Va et sois heureux de ce que tu auras. Sache apprécier ce que la vie te donnera et ne te soucie pas de ce que tu voudrais avoir. Car le bonheur n'est pas dans ce que l'on désire, mais bien dans ce que l'on a.

Je voudrais tant que tu sois heureux, Frédéric! C'est pourquoi je voulais te dire ces choses que j'ai apprises tout au long de mes jours. Je t'embrasse bien tendrement, et sache que la vie veille sur toi comme elle fait pousser les fleurs et chanter les oiseaux.

Comme ça pu

Dans le temps dont je vous parle,
La revanche des berceaux,
Il fallait pas prendre garde
Et ç'arrivait par chariots.
Aussitôt qu'ils grandissaient
À l'ouvrage on les att'lait
Et ça s'faisait engueuler
Pendant toute la journée.

Ça été él'vé à coups d'pied dans l'cul
Pis ça s'est débrouillé comme ça pu.

Quand ils pouvaient se clairer
De la ferme, du foyer,
Ils montaient dans les chantiers
Pour s'faire encore engueuler.
Les fill's s'en allaient en ville
S'engager bonnes à tout fair',
S'elles partaient pour la famille
La foi les m'nait en enfer. (*refrain*)

À toujours s'faire écœurer
Y'en a qui s'endurcissaient,
Ils avaient plus de pitié
Et ils devenaient mauvais.
Ils buvaient comme des trous
Ils faisaient des mauvais coups,
Se retrouvaient en dedans
Pour devenir plus méchants. (*refrain*)

Dans le temps que je vous parle
La vie était bien plus dure,
Y'avait pas d'aide sociale
Y'avait rien que des morsures.
S'il y en a qu'ont mal fini

C'est qu'ils étaient mal partis,
Il faut savoir pardonner
C'est Dieu qui l'a demandé. (*refrain*)

LE MÉTIER

Le Faisan doré était un cabaret très populaire, animé par le tout aussi populaire Jacques Normand. Le patron était marseillais, monsieur Marius Martin. Il faisait souvent venir des artistes de France. Je suis entré au Faisan doré pas par l'Entrée des artistes, mais par la porte d'en arrière, car à ce moment-là, j'étais *busboy*.

Je faisais des bons salaires et le *waiter* me donnait un montant d'argent. C'était une ambiance terrible. Les clubs ne fermaient plus. À cinq heures du matin, il y avait encore plein de monde, pis, les *busboy*, on sortait de là à six heures. Il fallait voir l'ambiance. Six cents personnes.

Dans les clubs, en pleine époque de Duplessis, ça ne fermait pas. La lumière tamisée, la musique pis les batailles. Y'avait toujours des batailles, les *bouncers* étaient occupés. Les gens étaient batailleurs. Quand on commençait à être fatigués, on ramassait les *scores*, les restants de verres sur les tables. On avait nos cachettes. Pis là, on buvait ça. Puis, à six heures du matin, quand c'était fini, on s'endormait plus. Ça fait qu'on s'en allait boire dans les *blinds pigs* de la rue Sanguinet, pis Sainte-Élizabeth, des maisons privées où ils vendaient de la boisson. Tous les gars de clubs se ramassaient là, vers six heures le matin. On buvait et on mangeait du spaghetti. Après, j'ai rencontré Deyglun et la gang de la Hutte suisse. C'est important ça, la Hutte suisse, c'était, à l'époque de Duplessis, un antre de liberté, ça gueulait et parlait de politique. Ça refaisait le monde et tous les gars qui sont passés là ont fait quelque chose. Mousseau, le peintre Molinari et je ne sais pas combien d'autres… La bohème, on buvait. C'était l'apprentissage artistique qui commençait pour moi, en passant du verre aux vers.

Il y avait Serge Deyglun qui fréquentait l'endroit et que je connaissais pour l'avoir vu en photo dans le journal *Téléradiomonde*, avec son père et sa mère. Quand il venait au Faisan doré, il s'assoyait souvent dans ma section et il me donnait toujours un *tip*, ce qui était rare chez les Québécois dans ce temps-là. Pour avoir des *tips*, fallait se grouiller, changer les cendriers, allumer les cigarettes, rendre des services. Je savais que c'était le fils d'Henri Deyglun et, une fois où il était allé aux toilettes à l'autre bout, je l'ai attendu à la porte et, quand il est sorti, je lui ai dit : « Vous êtes le fils d'Henri Deyglun, moi je fais des chansons. Pourriez-vous m'aider? » Comme c'était un gars généreux, tout de suite il m'a répondu : « Certain. » Peu après, il me présenta à son père, Henri Deyglun, qui écrivait des radio-romans. Il était très connu. Alors comme Serge jouait du piano aussi, il a écrit pour nous une émission à Radio-Canada, mais ce n'était pas gros comme aujourd'hui, Radio-Canada. C'était les débuts.

Avec Jeanne Maubourg, une grande comédienne, nous partagions l'émission trois fois par semaine, de onze moins quart à onze heures. Quinze minutes où on chantait nos chansons et monsieur Deyglun brodait une histoire autour de ça. C'est comme ça que j'ai fait, tranquillement pas vite, mon entrée dans le milieu artistique, que j'ai appris le métier.

Un autre bonhomme que j'ai beaucoup admiré, c'est Jacques Normand, qui arrivait de Québec. C'est monsieur Deyglun qui l'avait entendu à Québec et qui l'avait décidé à s'en venir à Montréal. Il travaillait à CKVL. C'était le gros poste de radio à l'époque. Il y avait CKAC et Radio-Canada, mais CKVL leur est rentré dans le corps, ça n'a pas été long. Tout le monde écoutait les émissions de chansons françaises à CKVL, trois heures par jour, animées par Guy Maufette. Les émissions étaient en direct, dans des salles, une des plus populaires était *Le fantôme au clavier*, avec Jacques Normand.

Jacques Normand avait également sa boîte, le Saint-Germain-des-Prés. Il pouvait recevoir trois cents personnes et ça marchait très fort. C'est là que j'ai commencé à travailler, mais je n'avais pas beaucoup de succès avec mes premières chansons, inspirées de celles de Charles Trenet, qui a été ma grande influence des débuts. Les gens parlaient plus fort que moi, n'écoutaient pas mes chansons et je me fâchais. Je les engueulais avant de sortir de scène. Jacques Normand n'aimait pas tellement ça que j'engueule sa clientèle, alors il me mettait à la porte. Heureusement, Paul Berval et

Gilles Pellerin parlaient pour moi et, le lendemain, Jacques me réengageait jusqu'à la prochaine engueulade. Ils disaient : « il commence, il est gentil. Il faut lui donner sa chance. » C'est comme ça que je suis entré dans le milieu.

Après, il y a eu la télévision, en 1952. Tout de suite, Serge écrivit une émission qui fut la première émission de variétés, puisque c'était les débuts de la télévision. Ç'avait eu beaucoup de succès. C'était bien fait et réalisé par Johnny Bigras, un bon gars, un ancien militaire reconverti en réalisateur qui avait réalisé *La petite Aurore, l'enfant martyre*, à l'époque, un des premiers grands succès du cinéma québécois. C'est avec lui que j'ai fait mes débuts à la télévision.

Il y avait aussi Berval et Pellerin qui commençaient aux côtés de Normand. Moi, j'ai toujours été un admirateur de Trenet. Quand il est sorti, en 1938, j'habitais à Québec où mon père était fonctionnaire. J'avais dix ans et, Trenet, ç'a vraiment démarré en flèche son affaire. On jouait beaucoup de ses chansons à la radio. Je partais à l'école en chantant ses chansons. Quand mon père s'est remarié, ma grand-mère par alliance m'a montré le piano. Je n'ai pas persisté, je trouvais que j'en savais assez et j'ai commencé à jouer dans les partys, comme tous les jeunes. Je chantais des chansons de Trenet, au piano, et c'est ce qui m'a donné le goût d'écrire mes chansons. Mes premières chansons, c'était… du Trenet… inspirées par lui. C'était une de mes idoles. Dans ce temps-là, c'était pas ben grave puisque la chanson québécoise n'existait pas. Il y avait la Bolduc, mais encore, la Bolduc, c'était dans les campagnes, dans les villes, elle était snobée la Bolduc. Heureusement pour elle, il y avait un artiste qui était très connu et respecté au Québec, Henri Letondal, qui avait pris sa défense en passant ses chansons en ville. Dans les campagnes, les chansons westerns étaient également très populaires.

Alors que j'étais *busboy* au Copacobana, j'ai rencontré Fernand Robidoux. C'est lui qui m'a sorti des clubs parce que j'étais mal parti. Je suis sorti de l'école en huitième année, j'ai commencé à travailler et je me suis ramassé dans les clubs. C'était des trous. Il y avait toutes sortes de monde là-dedans et, bien souvent, des bandits. J'aurais pu vraiment mal tourner, car je n'avais plus le goût de vivre. J'aurais pu faire n'importe quoi, mais heureusement… la providence… j'ai rencontré Robidoux qui était en vedette au Copacobana. J'étais allé le voir dans la cuisine, quand il prenait un café. Je lui ai dit que je faisais des chansons et il m'a donné rendez-vous. Peu après, il enregistra une de mes chansons : *Vous êtes pour moi* et il a commencé à s'occuper de moi. Il me faisait chanter sur ses émissions. Fernand Robidoux, je lui dois tout, car si ça n'avait pas été de lui, je ne sais pas ce que j'aurais fait.

À cette époque, CKAC appartenait à *La Presse*, CHLP à *La Patrie*, les deux journaux populaires du temps. Il y avait aussi CHLP qui était le poste-école où tous ont commencé.

J'étais animateur à la radio d'une émission qui s'appelait *L'heure féminine*, où je présentais des disques et interviewais des artistes de passage. C'était bien comme émission. Une fois, il y avait le *Jeanne-d'Arc*, un bateau-école de la marine française qui était en escale au port de Montréal. Le patron m'envoya donc pour y faire un interview pour les nouvelles de six heures. Je suis arrivé là, à l'heure du midi, j'ai rencontré un officier et, après l'entrevue, il m'a invité à le suivre en bas où il y avait une grande salle à manger dans laquelle se trouvaient tous les cadets. Quand ils m'ont vu, ils se sont tous levés et l'officier leur a dit : « Je vous présente Monsieur Lévesque de la radio canadienne. Il va faire un reportage sur vous. » Alors, je me suis assis avec les gars et ça n'a pas été long qu'on a sympathisé. Les gars ont dit : « On s'ennuie ici. Vous ne voudriez pas nous faire visiter Montréal? » « Ah! ben certain », que j'ai répondu. Nous v'là partis sur la brosse, les clubs… En tous les cas, je suis revenu deux jours après au poste de radio et j'ai été congédié. Monsieur Arthur Berthiaume, qui était le patron, était un homme très timide, quand il avait quelque chose à dire, il n'était pas capable de te le dire en face, alors il se tournait face au mur et parlait. Ça faisait drôle. Il a tourné sa chaise et a dit : « Monsieur Lévesque, vous êtes congédié. »

En plus de mon émission *L'heure féminine*, j'avais une autre émission d'une demi-heure par semaine, *Raymond Lévesque et ses chansons*. J'ai perdu tout ça d'un coup, pour une brosse de deux jours.

Tout ça, c'était dans le temps de la bohème, la Hutte suisse. Dans ce temps-là, prendre un coup, c'était notre préoccupation principale. Une fois, on avait loué une calèche et on arrêtait dans toutes les tavernes, pendant que le caléchier nous attendait... Ce n'était pas une vie très sérieuse, mais c'était comme ça.

Montréal était beaucoup plus sympathique dans ces années-là. CKAC, CHLP et Radio-Canada étaient toutes les trois dans le même coin et les artistes circulaient d'une place à l'autre. Il y avait des restaurants où tout le monde se réunissait. Il y avait une bonne ambiance. Le Café des artistes était le carrefour. On y voyait tout le monde. Quand ils ont décidé de déménager Radio-Canada dans l'est, pour relever l'est, ils ont démoli tout le quartier du Faubourg à m'lasse. Et moi, la veille, je m'étais promené dans ce quartier et c'était comme une ville fantôme. Toutes les portes ouvertes. Il n'y avait plus personne. Ça faisait drôle. Ils ont déménagé des milliers de personnes qui sont parties vivre plus loin. Le Faubourg à m'lasse, c'était un quartier vivant, ça. Toutes les petites rue : Panet, Visitation. Forcément, ils ont crissé tout le monde dehors pour construire Radio-Canada, mais ça a tué le quartier. Après ça, il n'y avait plus de vie dans ce quartier-là. Maintenant, à Radio-Canada, il n'y a plus d'ambiance. Avant, il y avait une familiarité avec les gens. C'est le problème des grosses structures modernes où l'on ne trouve plus de chaleur humaine, comme il y avait dans notre temps. Il n'y a plus d'ambiance amicale. C'est devenu une grosse machine de fonctionnaires. C'est de valeur, mais c'est ça.

C'était l'heure de gloire de la radio, où on retrouvait beaucoup d'émissions de variétés. Il y avait également le théâtre l'Hermitage qui appartenait aux Sulpiciens, au Collège de Montréal. C'est là que Pierre Dagenais présentait des pièces de Shakespeare.

Il n'y avait pas beaucoup de théâtre à l'époque, à part le Plateau, au parc Lafontaine, le théâtre Saint-Denis et le Gésu.

Il y avait une émission à Radio-Canada qui s'appelait *Les talents Robin Hood*, à laquelle j'avais participé en chantant une de mes compositions : *Mon oncle a peur des souris* et j'ai gagné le concours en 1948. J'étais content vis-à-vis de ma famille qui ne savait pas trop où je m'en allais. Mes premières chansons connues furent *Vous êtes pour moi* et *Le cœur du bon Dieu*, que chantait Robidoux, ici, de même qu'*Une petite canadienne*... chanson niaiseuse. Mais, dans ce temps-là, la chanson, c'était pas de la poésie. C'était des chansons populaires qui venaient de France, c'était... c'était quétaine, c'est le mot. Pis moi, mes premières chansons, c'était pareil. C'était le goût du jour. C'était de même et les gens étaient difficiles. Tout le monde me disait : « Tu chantes tes chansons, pourquoi tu chantes ça? Pourquoi tu chantes pas des chansons populaires comme tout le monde? » Moi, c'était mes chansons que je voulais chanter. Ce n'était pas mal reçu, mais ça laissait indifférent. Ça ne les emballait pas si ça ne venait pas de France ou des États-Unis.

Jusqu'alors, Fernand Robidoux chantait lui aussi des chansons françaises ou des traductions américaines. C'est le premier qui nous a encouragés en chantant nos chansons. Un de ses grands succès du moment était : *Je croyais*.

On n'était pas nombreux à écrire nos chansons. Je me rappelle qu'il y avait Roland d'Amours, Jacques Blanchet, Pat Di Stasio, Laurent Jodoin. CKAC nous passait des studios et invitait les chanteurs à venir les rencontrer. On chantait nos chansons et c'est comme ça qu'on a commencé. Par après, Radio-Canada a consacré quinze minutes par semaine aux chansons canadiennes, une émission animée par Estelle Caron. On chantait quatre chansons. Ça a été le début.

En 1951-1952, j'avais une émission avec Paulette de Courval : *Paulette et Raymond*. On recevait les chansons, les apprenait et les chantait. On en recevait beaucoup.

En 1957, à la télévision de Radio-Canada, il y a eu le concours de la chanson, mais c'est véritablement en 1960, à la mort de Duplessis, que tout a commencé. Ça a fait tout un barda. Là, l'esprit a changé. Quand un gars tient un pays, là, et bien, quand il meurt, il arrive comme un grand souffle de liberté. Comme Castro, quand il va mourir. Il va y avoir, à Cuba, un grand souffle de liberté. C'est drôle qu'un gars puisse tenir ainsi un pays et qu'on doive attendre qu'il meure. C'est incroyable. La même chose pour Staline. Il y en a qui vivent vieux. Alors, à la mort de Duplessis, on a senti ce souffle de liberté avec la révolution tranquille.

Les maisons de disques ont ouvert leurs portes. Avant, elles ne voulaient rien savoir. Les boîtes à chanson sont arrivées et, là, le bal est enfin parti.

Il y avait un monsieur Paul Péladeau, le frère de Pierre, qui avait un restaurant sur la rue Stanley. En bas, il y avait un bar et c'est là qu'on chantait nos chansons. Monsieur Péladeau était *crackpot* pas mal. D'ailleurs, il a fallu qu'ils l'éloignent, ils l'ont envoyé à Paris. Il trouvait qu'on n'avait pas des belles dents, alors il nous avait acheté un produit à se mettre sur les dents, mais ça nous gelait la bouche. On chantait comme si on avait un frigidaire dans la gueule.

Moi, je n'ai jamais eu de grands succès. Je trouve ça injuste parce que j'ai toujours été confiné dans les boîtes à chanson. Je n'ai jamais fait la Place-des-Arts ou le Grand théâtre de Québec. Il y avait une raison pour ça. Je n'ai jamais eu d'imprésario ou d'agent ou de maison de production, parce que je prenais un verre. Quand tu prends un coup, ça éloigne le monde. Je n'ai pas eu une carrière comme Deschamps ou ces gars-là. On dirait que Guy Latraverse a essayé de remédier à ça parce qu'à deux reprises, il m'a organisé des soirées hommage à la Place-des-Arts avec plein d'artistes qui sont venus chanter mes chansons. Ils ont été gentils. Ils m'ont même donné leur cachet et je suis parti en France.

Quand je travaillais à la Butte à Mathieu, la comédienne Mirielle Lachance, c'était la femme d'Yvon Deschamps et il venait souvent en coulisse et je ne m'en occupais pas plus que ça. Je ne savais pas ce qu'il faisait et ce qu'il deviendrait. Je faisais beaucoup de monologues et, à la Butte à Mathieu, les revues, ça marchait bien. Mes monologues marchaient bien sauf que je n'étais pas assez direct. Ce n'était pas assez populaire. Lui a eu le don de parler le langage du peuple, de se mettre à leur portée, tandis que moi, j'étais de l'école de Paris, alors mes monologues étaient un peu plus relevés. Ils étaient drôles, mais c'était moins le langage populaire. Je me rappellerai toujours d'une petite fille qui était venue me voir dans la loge au Patriote pour me dire : « Monsieur Lévesque, on vous écoute à la télévision, mais c'est drôle, on ne comprend rien. » Yvon Deschamps, lui, ils le comprenaient et ça a marché fort aussi. Des fois, ça me tenterait de recommencer le monologue. Chu sûr que mes monologues marcheraient. Faudrait que j'aille voir Rozon. Je vais peut-être faire ça…

J'écris de nouveaux poèmes. J'ai de bons textes. Il y en a un que j'aime bien que j'ai intitulé : *L'Amérique est un mensonge*. Ça finit en disant : « L'Amérique est un mensonge qui pille sans mesure en parlant de liberté. » Liberté… Liberté… C'est beau d'en parler, mais faudrait la mettre en pratique.

Quand Brassens est venu au Québec, en 1972, pauvre Brassens, il n'aimait pas ça voyager, il n'est plus jamais sorti après. Il était bien chez lui. Il chantait chez Gérard. Les gens écoutaient plus ou moins. Ça a-tu du sens? Un gars comme Brassens qu'on écoutait plus ou moins. À son arrivée au Québec, il a demandé à me voir. J'étais le seul qu'il connaissait, alors tout le temps de son séjour ici, j'étais avec lui. Je l'emmenais à droite et à gauche. C'est un des plus grands ça, Brassens. C'est beau les textes qu'il a écrits.

Dans une carrière aussi longue que la mienne, on rencontre beaucoup de monde, toutes sortes de monde. J'ai travaillé avec beaucoup de gens différents. C'est toujours intéressant. Willie Lamothe, je l'ai connu à ses tout débuts. J'ai même écrit quatre chansons pour lui : *Sur le bord du Saint-Laurent, Un fer à cheval, Quand vous aurez vingt ans* et *Petit Henri*. Quand il a commencé à chanter, j'ai été un des premiers à le supporter. J'allais où il chantait pour ne pas qu'il se sente trop seul. Il s'accompagnait à la guitare, pauvre Willie. Il a fait une belle carrière malgré tout.

Les amis

Y'ont pris un coup fort, mes amis
Qu'écrivaient de la poésie
Ou qui faisaient de la peinture
Entre deux cuites pas d'allure,
Y'ont pris un coup, ils ont bien ri
Et puis bien jeunes ils sont partis.
Y'ont beaucoup bossé, mes amis
Qui connaissaient qu'un seul souci,
Celui de gagner de l'argent
Sur le dos des autres et du temps.
Y'ont travaillé, y'ont pas dormi
Et puis bien jeunes ils sont partis.

Ils ont bien gueulé, mes amis
Qui se sont pris dans un parti,
Se sont donnés à une cause
Pleine d'idées, de grandiose.
Ils ont gueulé, se sont battus
Puis bien jeunes sont disparus.
Ils ont bien pleuré, mes amis
Qui n'voyaient que le temps qui fuit,
Le cœur toujours plein de regrets,
De passé et de « plus jamais ».
Ils se sont fait des cheveux gris
Et puis bien jeunes ils sont partis.

Ils ont peiné, mes amis qui
Se sont mariés, fait des petits,
Y'ont travaillé comm' des maudits
Se sont battus avec la vie,
La maladie, soucis d'argent,
Mais aujourd'hui ils ont cent ans.

Quand un ami s'en va

Quand un ami s'en va
On se sent un peu triste
On voudrait tant lui dire
Quelque chose qui fait plaisir
Le chagrin que l'on a
De le voir partir... mais...
Quand un ami s'en va
Pour faire les humoristes
On va dire des choses bêtes :
Toi plus là on fait une fête
Mais la fête on l'sait bien
Autant en emportent les trains
Vous allez peut-être me dire
Qu'il reste des souvenirs
Mais pour nous les pauvres gars
Vaudrait mieux en avoir pas
Car tout ce que l'on a
Comme fortune dans la vie
Et aussi pour ne pas
Jouer trop seul la comédie
Oui vraiment tout c'qu'on a
C'est un ami qui s'en va.

Quand un ami s'en va
Sur le quai de la gare
On découvre soudain
De la vie le va-et-vient
Tous ces gens qui se foutent
De votre chagrin... et...
Je ne sais pas pourquoi
Ça me donne le cafard
C'est peut-être qu'à l'instant
Je m'aperçois que vraiment
Ici-bas, tout ce qu'on a
C'est un ami qui s'en va

Ah! si seul'ment on pouvait
Arrêter le soleil
Ah! si seul'ment on pouvait
Tout comme dans le sommeil
Vivre le même jour
Tous les jours et toujours
On prendrait le plus beau
Il n'y aurait plus d'rideau
Qui se baisse dur et froid
Sur un ami qui s'en va.

La lettre à un ami

Mon cher Léon,

Je ne sais pas si tu vas
Te souvenir de moi?
La dernière fois que je t'ai
Vu c'était en 1948,
Dix-huit ans déjà.

Je m'excuse si je ne t'écris
Pas souvent, mais les occupations...
Et puis le temps passe si vite.
En 1951, j'avais pensé t'écrire…
Et puis je ne sais plus
Ce qui est arrivé.

En 1956, j'avais commencé une lettre,
Et puis le téléphone a sonné.

En 1958, je m'étais dit
Il faudrait bien que j'écrive à Léon...
Puis j'ai eu la grippe.
Enfin... Me voilà!
Dix-huit ans déjà.

Ici à Sainte-Camillienne,
C'est toujours pareil.
Rien n'a changé.
Tu te souviens du petit ruisseau
Où nous allions pêcher la barbotte?
Eh bien, il est disparu.
La route Trans-Canada
Passe maintenant par là.
Ils ont enterré tout le ruisseau.
À part ça, rien n'a changé.

La compagnie Price Paper
A fermé en 1955.
Cela a été toute une histoire.
Y a eu des protestations,
De la bagarre,
Deux cent cinquante hommes sans travail!
Rien à faire,
L'usine a été démolie
Et les hommes sont partis.
À part ça, c'est pareil comme avant.

Ah oui! Tu te souviens de la petite
Lucie Latranche qui voyait la Sainte Vierge
Et qui guérissait des malades?
Et bien, elle s'est mariée
Mais comme son mari la battait
Elle est partie et maintenant
Elle vit avec Roger Laflamme... le draveur.
Ils ont six enfants.
À part ça, c'est toujours pareil.

Monsieur Bastien, le marchand général,
Est mort
Ainsi que monsieur le curé Latraverse.
Et puis aussi le notaire Godbout,
Le docteur Sainte-Marie,
Le gros Bolduc et les frères Durand
Se sont tués en voiture.
À part ça, tout va bien.
Dix-huit ans déjà.

Pourtant c'est comme si c'était hier.
Depuis que tu es parti
Je me suis débrouillé pas mal.
J'ai travaillé cuisinier à Sainte-Martine,
Pendant trois ans, pour un petit
Entrepreneur.

Il me doit encore 1 200 piastres.
J'ai fait un peu de plomberie, mais
J'ai eu un accident.
J'ai travaillé aussi sur les *trucks*,
Ça allait bien, mais l'union est arrivée,
Y a eu de la chicane
Et je me suis fait casser la gueule.
Après j'ai été contremaître sur une
Construction,
Puis y a eu un gros vol.
Ça m'a passé sur le dos parce qu'ils avaient
Trouvé, près de chez moi, des affaires volées
Qui avaient été cachées là.
J'ai fait deux ans.
À part ça, ça va bien.
En ce moment, j'attends pour aller
Travailler à la Manicouagan.
Dix-huit ans déjà.
Comme le temps passe vite!

Pour mon poumon...
Tu te souviens de mon poumon?
Eh bien! j'ai traîné ça pendant des années,
Examen sur examen,
De longs séjours dans des sanatoriums.
Pis en fin du compte,
Ils me l'ont enlevé.
Douze ans que ça a traîné!
Maintenant ça va mieux.

En 1957,
J'ai manqué me marier,
Avec une petite de Saint-Calixte.
On s'est fréquentés pendant deux ans.
Je l'avais rencontrée à l'hôtel Central.
Je l'aimais bien.
Puis quinze jours avant qu'on se marie.

Elle a disparu.
Je l'ai jamais revue,
Je sais pas ce qui a pu arriver.
Ça m'a fait de la peine car je l'aimais bien.
Comme tu vois, mon cher Léon,
La vie passe.
Y en a des pires que moi.
Après tout j'ai mes deux jambes,
Mes deux bras,
Pis un poumon.
Pourquoi je me plaindrais?

Je m'excuse encore de pas t'avoir
Écrit avant.
Mais comme je te disais, les occupations,
Puis on voit pas le temps passer.
En tous les cas on pourra dire que nous
Avons eu une belle jeunesse.
Tu te souviens quand on allait se baigner à la
Plage Royale,
Pis que j'ai manqué me noyer?

Et à la chasse… quand on m'avait
Tiré dessus?
C'était le bon temps.
Maintenant… me baigner… avec mon
Poumon.
Puis la chasse je suis plus capable,
Car, j'avais oublié de te dire, mais je me
Suis brûlé les yeux avec une torche acétylène.
J'ai manqué perdre la vue.
Maintenant je vois à soixante pour cent.
Mais... ça va.

J'espère que tu vas bien aussi et que j'aurai
Bientôt de tes nouvelles.

La dernière fois que je t'ai vu,
T'avais l'air triste.
Tu venais de te faire fourrer pour
Cinq mille piastres,
Ton père était en procès,
Et ta mère à l'hôpital.

Pauvre Léon!

Tu me disais toujours :
Je sais pas si ça vaut la peine de vivre.

Sacré Léon!

T'avais pas un gros moral.
Moi aussi je me demandais si ça
Valait la peine de vivre?

Et puis tu vois, avec le temps… ça s'est arrangé.

Émilien

Nous étions tous de bons copains
Et puis nous nous amusions bien
Jusqu'aux petit's heur's le matin
Nous trinquions la bière et le vin.
Nous nous racontions des histoires
Dont nous nous faisions une gloire
Toujours en bas de la ceinture.
Jamais en haut vers la figure.

Ah oui! mon brave Émilien
Pour ça nous nous amusions bien.

Lorsque nous étions tous bien saouls
Comme une bande de voyous
Nous pissions devant les demeures
Histoire de faire pousser les fleurs.
Nous chantions des chansons à boire
À réveiller tout un quartier,
On nous avait dans la mémoire
Rue Saint-Hubert et rue Cherrier.

Ah oui! mon brave Émilien
Pour ça nous nous amusions bien.

Et puis passèrent les années
À force de trop rigoler
Nous y laissâmes la santé
Et nos matins furent moins gais.
Ce qui faisait notre joie même
Devint tout à coup un problème,
Pareil comme le mariage
Après deux trois ans en ménage.

Ah oui! mon brave Émilien
Pour ça nous nous amusions moins.

Donc les plus sages se rangèrent
Et devinrent des fonctionnaires,
Huit heur's devant un bureau « plate »
Et puis le soir un jus d'tomate.
Les plus braves rièrent d'eux
S'accrochant à leur verr' de bière
Maint'nant sont à Saint-Jean-de-Dieu
Ou bien alors au cimetière.

Ah oui! mon brave Émilien
Pour ça la vie les a rejoints.

Jeunes gens qui avez vingt ans
Et qui désirez du bon temps
Faites du sport ou de la chasse
Ou voyagez y'a de la place.
Mais fuyez tous ces mauvais lieux
Où l'on s'imagine être heureux
En buvant verre après verre
Car les lendemains sont amers.

Ah oui! mon brave Émilien
Tu sais moi je te comprends bien.

LA BOHÈME

La bohème, on buvait, en France, on buvait. J'allais boire partout dans les Halles. Je rentrais toujours vers cinq heures du matin. Des fois, je montais les Champs-Élysées. Y'avait pas un chat. J'étais tout seul sur les Champs-Élysées. Y'avait pas de voiture. C'était en 1954. C'était l'après-guerre. L'Arc de triomphe, il y a douze avenues qui font le tour et, le jour, pour aller d'une avenue à l'autre, il faut faire le tour, mais, moi, j'habitais au bout de la Grande Armée, avenue de la Porte Mailhot, boulevard Péreire. Alors à cinq heures du matin, je n'avais pas besoin de faire le tour. Je piquais tout droit au travers de l'Arc de triomphe, passant à côté de la tombe du Soldat inconnu, pis on jasait un peu. Alors, on buvait en France. On buvait tout le temps. Quand je suis revenu, on buvait. Ça fait qu'à un moment donné, j'étais pogné. C'est dur parce qu'il y en a qui se tue. Y en a combien qui se sont enlevé la vie parce qu'ils dépendaient de la béquille?

À Paris, à cette époque, j'avais de la misère à manger. Je me nourrissais avec des pains au chocolat. C'était pas cher. J'allais à la pâtisserie m'acheter un pain au chocolat et je mangeais ça. Je suis devenu maigre.

Je chantais ici et là dans les boîtes pour un petit cachet. Je n'ai jamais été attaché à l'argent et, encore aujourd'hui, je ne travaille pas dans le but de devenir plus riche et de placer de l'argent en banque. Moi, je travaille encore parce que j'aime mon métier et pour avoir de l'argent pour vivre, c'est tout.

J'ai jamais pensé à me mettre de l'argent de côté pour mes vieux jours. Quand tu bois, tu ne penses pas à ça. Tout passe dans le bar. Pis, dans les dernières années, il m'est arrivé des bonnes choses. Je vais travailler jusqu'à la fin. J'arrêterai jamais, parce que j'aime mon métier.

À Paris, on était traités d'égal à égal. Quelles que soient notre condition ou nos connaissances, c'était égal. Je me suis senti accepté là-bas. Alors qu'ici, je me sentais un peu rejeté. Avant de partir pour Paris, les gens me disaient : « Mon pauvre Raymond, mon pauvre Raymond, qu'est-ce que tu vas faire en France? » Ça, je l'ai entendu au moins mille fois. Personne n'y croyait. « Qu'est-ce que tu vas faire en France, il y a des centaines de personnes qui écrivent des chansons là-bas, alors qu'ici il y en a bien moins. T'as pas de chance là-bas, mon pauvre Raymond... mon pauvre Raymond... » J'étais écœuré d'entendre ça.

C'est beaucoup le hasard qui a fait que je suis parti à Paris, avec mon ami Serge Deyglun, qui lui avait de la famille en France, des tantes, des cousins, des cousines.

On avait des permis de séjour de trois mois et, au bout de ce temps, il fallait renouveler nos papiers en prouvant qu'on avait de l'argent pour vivre, en présentant notre livret de banque. Alors, des amis déposaient de l'argent dans mon compte et j'allais renouveler mon permis de séjour. Le lendemain, je retirais l'argent et le remettais, comme ça je pouvais rester encore quelque temps.

Avec Deyglun, ça, je ne l'oublierai jamais, on attendait pour passer au bureau pour renouveler notre permis de séjour, et il m'a dit : « Moi, Raymond, il n'y a pas de problème, mon père est Français. » Il était content... Sauf qu'une semaine plus tard, il recevait un avis pour faire son service militaire. Il était allé voir l'ambassadeur du Canada, un monsieur Désy, pour voir comment il pouvait échapper à ça. Celui-ci lui a répondu : « Ce que je vous conseille, c'est de partir le plus vite possible. » Il a pris le premier bateau et est revenu ici.

Moi, j'avais mon billet de retour et je l'ai vendu pour rester en France. J'ai décidé de prendre une chance. Je trouvais des petits engagements dans des restaurants. Un jour, j'ai rencontré un ami qui m'a dit : « Raymond, j'ai quelque chose pour toi. Il y a une nouvelle boîte qui vient d'ouvrir. Ça s'appelle Le port du salut. » Alors, j'ai commencé à travailler là et c'est devenu mon port d'attache. J'y ai travaillé pendant des années. Le patron est devenu un ami.

Félix a été un cas particulier. Il y avait un monsieur Canetti qu'on appelait le « tsar de la chanson ». Jacques Canetti était directeur artistique des disques Polydor, à Paris. Il avait un petit théâtre : Les trois beaudets, où il présentait ses artistes. Monsieur Canetti a été important. C'est lui qui a lancé Robert Lamoureux, Jacqueline François, Guy Béart, Georges Brassens, Brel et Félix. Il était venu à Montréal et Pierre Dulude, qui travaillait à CKVL, lui avait parlé de Félix. Il a demandé à l'entendre. En 1952, du jour au lendemain, Félix est devenu célèbre partout.

Je le voyais à Paris. Félix habitait dans le bout du parc Monceau et moi pas loin de là. Un midi, je marchais sur l'avenue Courcel et, tout à coup, je vois Félix qui traverse la rue. Il me dit : « Viens manger, Raymond. » J'ai mangé trois spaghettis. Je suis allé chez lui. Il était gentil. Je me rappelle une fois, je lui avais dit : « Toi, Félix, qui connais tout le monde, tu pourrais bien m'aider. » Il m'avait répondu : « Ouais, mais je ne te rendrais pas service. Il faut attendre que les choses viennent. » Il avait raison. Je n'étais pas prêt. Il me disait toujours : « Il faut que je retourne dans mon pays. Je me dois à mon pays. » Et quand il est revenu ici, ils l'ont reçu avec une brique et un fanal. Je ne sais pas pourquoi. Ils s'en sont pris à lui. Il avait des ambitions théâtrales, mais ça n'a jamais marché de ce côté-là. Il se faisait matraquer. Un jour, il s'est écœuré et est parti en Suisse.

C'est pour ça que je crois toujours à la providence. La providence quand j'ai rencontré Robidoux, Serge Deyglun et un ami français qui faisait partie des Compagnons de la musique, que j'avais rencontré ici. Avant que je parte pour Paris, il m'avait donné le nom de Émile Stern, avec son adresse, en me disant : « va le voir ».

Après un certain temps que je vivotais à Paris, j'étais dans ma petite chambre et, tout à coup, je retombe sur cette adresse-là. Je téléphone à monsieur Stern. Ben, c'est là que toute l'affaire est partie. Il m'a dit : « Écoutez, je connais un monsieur Barclay qui vient de fonder une nouvelle étiquette de disques, les disques

Riviera, je vais vous le présenter. » J'ai alors fait des disques chez Barclay, qui lui m'a présenté à Constantine qui, après avoir végété pendant dix ans, était devenu une super vedette. C'est lui qui a enregistré le premier *Les trottoirs* et *Quand les hommes vivront d'amour*. J'avais chanté deux fois cette chanson à monsieur Barclay, dont une dans sa villa de la côte d'Azur, mais ça ne l'avait pas intéressé.

Une fois, je vais voir monsieur Constantine à l'Olympia, dans sa loge, entre deux spectacles, le samedi. Il était fatigué et n'avait pas le goût d'écouter des chansons. C'était une petite loge. Il n'y avait pas de piano là. Je lui ai chanté debout, comme ça, *Quand les hommes vivront d'amour* et il m'a dit : « C'est bien. Je vais l'enregistrer. » C'est donc lui qui a donné le départ à la chanson. C'est pas la Piaf qui aurait chanté ça. Jamais. Elle chantait des chansons d'amour. J'étais allé chez elle une fois, à deux heures de l'après-midi. Elle était en grande jaquette avec des bigoudis. Elle m'a dit : « On va aller dans ma chambre. » Quand j'avais dit à mes amis que j'avais un rendez-vous avec Édith Piaf, ils m'avaient dit : « Tu vas passer à la casserole. » Ils appellent ça passer à la casserole. Il y avait un piano dans sa chambre et je lui avais chanté *L'héritage humain*. Elle m'a dit : « Moi, monsieur, je ne chante que l'amour. » Je ne pense pas qu'elle aurait chanté *Quand les hommes vivront d'amour*, ni Montand.

J'ai été chanceux que monsieur Constantine enregistre *Les trottoirs* et, par la suite, *Quand les hommes vivront d'amour*. Mais la chanson n'a pas démarré tout de suite; seulement vingt ans plus tard lorsque Félix, Vigneault et Charlebois l'ont enregistrée sur les Plaines pour l'album *Le loup, le renard, le lièvre*. C'est à ce moment-là que la chanson a démarré en flèche.

En 1972, j'étais allé voir mon garçon en France, après douze ans sans y être allé, et là j'ai vu à quel point le Québec était connu là-bas. Je voyais des restaurants de toutes sortes d'origines, italien, japonais, et je me suis dit : « Pourquoi n'y aurait-il pas un restaurant québécois? »

Alors, quand je suis revenu, j'ai parlé de cela à Michèle Latraverse, qui en a parlé à Fernand Robidoux et tout le monde aimait l'idée. Restait à trouver un financier et on a trouvé un dénommé Therrien, un croche. On a tous mis de l'argent, mais tout le monde ne pouvait pas aller à Paris. Alors, le représentant de la compagnie, c'était lui. Il avait trouvé un coin dans les Halles et, là, il nous montrait des photos en disant : « Il va falloir faire des travaux, pis ci, pis ça… » Il y en a qui ont mis beaucoup d'argent là-dedans; même le directeur d'un salon funéraire qui avait mis cent mille dollars. Moi, j'avais mis cinq milles, puis Robidoux, vingt milles. En tout cas, lui, il nous faisait marcher et l'argent, il la dépensait ailleurs. Alors, l'affaire a foiré. On a fait un rapport à la police économique et le gars de la police s'est laissé acheter à son tour, pour prendre sa retraite. Ça fait que tout est disparu et on a tout perdu.

Pour cela, j'avais tout vendu mes affaires pour m'en aller en France et j'étais allé chez ma blonde en attendant. Je me suis retrouvé devant rien, sur la rue Messier, dans une pièce et demie, avec un lit pis une table. C'est tout. J'avais pu rien. Là, encore la providence. Un téléphone de Pauline Julien, qui était à Paris. Elle me dit : « Raymond, *Quand les hommes vivront d'amour*, ça joue partout en France, vingt fois par jour, et mon agent m'a dit qu'il y a quinze mille piastres qui t'attendent ici. » Je lui ai demandé de vérifier comme il faut avant que je parte là-bas. Elle a accepté.

C'est Jean Dufour, l'agent de Félix et Devos, qui s'occupait de cela. En arrivant à Paris, je vais le voir et il commence à calculer. Il me dit : « Vous avez quinze milles. » Il revérifie. « Je me suis trompé. Excusez-moi. Vous avez quinze cent. » C'est pas pareil. J'étais fourré. Je suis resté deux mois, parce que j'avais un petit peu d'argent et je suis revenu. J'avais l'air fou. J'avais fait mes adieux à tout le monde. Deux mois plus tard, je revenais.

Devos, je l'avais connu à l'époque du duo *Les pinsons*. À la Libération, Montand s'est mis à chanter des chansons de cow-boy et c'est devenu populaire en France. Et Devos en duo faisait un numéro aux Trois beaudets qui était une parodie de chanson western. Jacques Normand les avait vus là-bas et les avait amenés ici. Ça n'a pas marché. Les gens trouvaient ça plate une parodie western. C'est comme ça que j'ai connu Devos en 1952.

Quand je suis arrivé à Paris, en 1954, je suis allé le voir. Il habitait une petite chambre au septième étage, pas d'ascenseur. Pis, je me rappelle que, dans sa chambre, il y avait plein d'instruments de musique. Il jouait plein d'instruments. Il n'était pas encore connu à l'époque. Il jouait un deuxième rôle dans une pièce de théâtre.

Je me rappelle une fois, j'étais en tournée de plages, l'été, ça, c'est le boutte. L'été, en France, tout le monde est sur les plages et les casinos marchent fort. Comme les casinos font de l'argent, les gouvernements les obligent à présenter des spectacles pour faire vivre les artistes. Alors, eux autres, ils engagent n'importe qui en autant qu'il y ait un *show*. Ça fait que moi, avec une troupe, on présentait un spectacle dans les casinos. On voyageait dans un petit autobus et c'était une tournée de broche à foin, mais on a eu du *fun*. On a fait toutes les plages, toute la Manche, toute l'Atlantique jusqu'à la frontière espagnole. On a vu du pays, sauf que l'été, c'est un problème pour les hôtels. Tout était plein partout. Dans notre cas, plus souvent qu'autrement, les réservations avaient été mal faites et on se retrouvait à coucher dans l'autobus. La vie d'artiste… C'était le bon temps. J'étais jeune et j'ai vu du pays.

À un autre moment, j'ai fait une grande tournée avec Annie Cordy et c'est là que j'ai chanté à l'Alcazar de Marseille. L'Alcazar avait une mauvaise réputation entretenue par les Marseillais eux-mêmes. C'était devenu une tradition. Ils chahutaient toujours un artiste, dont Aznavour et bien d'autres.

Alors, cette fois-là, c'est tombé sur moi. Dès que j'entrais sur scène et que je commençais ma chanson *La famille*, ça se mettait à gueuler dans la salle. La première fois, je me suis mis à sacrer et à les engueuler, pis le régisseur me criait dans le coin du rideau, en coulisse : « Lévesque, sortez! » Et moi, je répondais : « Non, je ne sortirai pas. Je vais me battre. » Et là, ils ont descendu le rideau, mais en bas du rideau, il y a une barre de fer et ça m'est passé à un pouce de la figure. Un fil de plus, je me faisais tuer. Alors, j'ai dit : « Écoutez, madame Cordy, ça n'sert à rien d'aller chanter. Ils ne veulent pas m'écouter. » Elle m'a répondu : « Non, il en faut un et c'est vous. »

Il y avait un bistrot à côté où je m'étais fait des *chums*. Quand on boit, on se fait des *chums* aussi vite qu'on les perd et je leur disais : « Écoutez, là, c'est mon tour d'aller chanter, mais attendez-moi, je vais revenir ce sera pas long. » J'entrais sur scène, ça commençait à gueuler et je sortais. J'avais compris. Quatre matinées et quatre soirées comme ça. C'est là que j'ai connu Danielle Oderra, qui était une petite fille à Marseille.

La rive gauche, ça c'était quelque chose. C'était l'école de la chanson. La rive droite, c'est là que sont les Champs Élysées avec les grands hôtels, les grands magasins, les grands music-halls, alors que la rive gauche, c'est le peuple. Moins aujourd'hui, mais dans le temps, c'était le peuple qui avait moins d'argent.

C'est dans ce coin de Paris qu'on retrouvait le plus de boîtes à chanson. L'Écluse était la plus connue. Tout le monde allait chanter là. C'est là que Barbara avait fait ses débuts. Quand je l'ai connue, elle n'avait que sa robe noire, elle était pauvre. Brel, lui, s'est fait connaître à l'Échelle de Jacob. Il y avait la Colombe, chez Monsieur Moineau. Toutes les boîtes où on travaillait avec Pauline Julien. À Montmartre, sur la butte, il y avait aussi des boîtes. J'allais chanter chez Patachou, une boîte très populaire. Elle coupait les cravates, Patachou. Elle s'en était fait une réputation. C'était sa marque de commerce. Quand tout le monde était bien paqueté, le spectacle pouvait commencer. C'était difficile de travailler là. On entrait et on aimait mieux ne pas y penser, même pour Brel, personne n'écoutait. C'était le bordel de chanter là. Mais elle payait bien, madame Patachou. L'époque des boîtes, c'était une belle époque. Tout le monde a commencé là. Pierre Perret, Guy Béart, Jean Ferrat…

La vie bohème

La vie de bohème
Mais c'est un travail fou,
La vie de bohème
C'est fatigant comme tout,
Pour l'indépendance
Et puis la jouissance
De ne rien faire,
On se met en transe
Puis on se dépense
Plus qu'un ministère.

La vie de bohème
C'est pas de tout repos,
La vie de bohème
On n'y fait pas vieux os,
À chercher pitance
Pour la survivance
Toute la journée.
On gèl' plus souvent
La faim en dedans
Qu'à vivre à son gré.

Ah! si c'était vrai
Les beaux romans
Où tous les mauvais
Mauvais garnements
Se font loger
Chez des mondaines,
Et vont bouffer
Chez des mécènes.

La vie de bohème
C'est souvent le contraire
La vie de bohème
C'est parfois la misère.

Je ne parle pas des
Qui vont vous jouer les
Le gros compte en banque,
Le gilet roulé
Pour se faire passer
Pour des saltimbanques.

La vie de bohème
Quand on n'a plus le sou
La vie de bohème
Qu'on a plus rien du tout,
Y'a pas d'autres moyens
Que garder sa faim
Avec l'espérance,
Qu'un heureux hasard
Apporte le lard
De la délivrance.

La vie de bohème
Si tu y songes, ami,
La vie de bohème
Eh bien réfléchis-y!

Après le bon temps
Te faudra souvent
Beaucoup de courage
Car après la foire
Les amis d'un soir
Retournent à l'ouvrage,
Et tu restes bête
En tête à tête,
Tout seul avec la fête.

Les trous de la ceinture

Au cinquième trou de la ceinture
On a vingt ans et belle allure
Même si la balance du métro
Voudrait qu'on soit un peu plus gros.
C'est qu'on ne mange pas tous les jours
Ou tout au moins pas assez pour
Vous semblez gras et bien portant
Mais on s'en fout, on est content.

Venez, venez, belle Germaine
J'ai rendez-vous à la Madeleine
Ça n's'ra pas long, c'est pour affaires
Du travail chez un libraire
Car la famille tient mordicus
À c'que j'fasse quelque chose
Et me menace de blocus
Si je n'fais rien, c'est pourquoi j'ose
C't'impolitesse à ma paresse
Mais t'en fais pas, j'travaillerai pas.

Le vie est trop belle à rien faire
Alors pourquoi se fatiguer?
Pour moi, il n'y a qu'un salaire
C'est l'amour et la liberté
Si le bon Dieu donne à manger
À ses petits oiseaux
Alors à sept heures, je serai
À la terrasse des Deux Magots

Mais les chansons qui durent toujours
Ne sont que les chansons d'amour.

Au troisième trou de la ceinture
Ce n'est plus l'âge de l'aventure
Et lorsqu'on voit venir l'hiver

On aime bien les calorifères.
On aime aussi les calories
Les jambons et les spaghettis
Les couvertures et les fauteuils
Les beaux habits pour son orgueil.

Ah non! Ah non! Belle Germaine
Il faut qu'je sois à la Madeleine
Je suis maintenant dans les affaires
Une boutique de libraire.
Que voulez-vous, belle Vénus
À dormir à la belle étoile
Comme réveil, au loin, l'Angélus
Et déjeuner du vent des voiles
Je fus forcé petit à petit
À réviser ma théorie.

La vie est trop brève pour rien faire
Il faut bien gagner son bifteck
Chaque semaine son salaire
C'est bien utile et c'est moins sec.
Si le bon Dieu donne à manger
À ses petits oiseaux
Il paie pas souvent sa tournée
À la terrasse des Deux Magots.

Mais les refrains, même joyeux
Finissent par devenir vieux

Au dernier trou de la ceinture
Nous ne sommes plus qu'une brochure
De quelques pages bien tapées
Que l'on ne peut plus rattraper.
Cousus de vieilles habitudes
Seuls fidèles de nos maîtresses
Nous recherchons la solitude
Sous un petit air de sagesse.

Adieu, adieu, belle Germaine
Priez pour moi à la Madeleine
Pendant que j'expierai là-haut
La joie d'vous avoir aimé trop.
Si quelques fois le temps passé
Vous ramène au bois oublié
Ne regrettez rien, ma jolie
C'est inutile, c'est la vie.
Et que la paix de vos vieux jours
Soit le portrait de notre amour.

La jeunesse était notre affaire
Nous nous en sommes occupés
Pourquoi regretter le salaire
Qu'était le bonheur de s'aimer?
Si le bon Dieu donne à manger
À ses petits oiseaux
Nous, nous avons bu ses baisers
À la terrasse des Deux Magots

Jeunes filles de la bohème

Anna dans Saint-Pétersbourg
Tu n'as donc pas de faubourg
Ce sera bientôt l'automne
Il te faudra ma mignonne
Chauffer tes pas vagabonds
Au foyer d'une maison
Viens chez moi j'ai de beaux livres
Doucement tu pourras vivre
J'm'appelle aussi l'aventure
Mais moi j'ai une masure
Mes pieds se sont fatigués
Des semell's toutes mouillées
Au marche de la bohème
Laisse donc là tes poèmes
Tu n'es pas un troubadour
Anna de Saint-Pétersbourg

Marie Marie de Paris
Tu n'as donc pas de mari
Car la jeunesse en ménage
En somme c'est une image
Qui farde bien le bonheur
Aux couleurs des jeunes cœurs
Mais ne crois pas, ma jolie
Que l'on peut tricher la vie
S'en iront les amourettes
Un jour tu seras seulette
Rêvant d'une maisonnette
D'un garçon d'une fillette
Méfie-toi ça passe vite
La saison des marguerites
Ne joue donc pas l'anarchie
Marie Marie de Paris

Annie Annie d'Amérique
En pantalon excentrique
Avec un p'tit air cynique
Tu bois le verre classique
Tu fréquentes des génies
Qui n'ont rien fait de leur vie
Que d'épater les plus bêtes
Avec deux livr's dans la tête
Et ce sera bien dommage
De gaspiller ton jeune âge
À vouloir changer les villes
À discuter l'inutile
Jeunes fill's de la bohème
Remettez vos diadèmes
Entrez vite à la maison
Et ne jouez plus les garçons.

Les voyages

Ah les voyages!
Aux rivages lointains,
Aux rêves incertains,
Que c'est beau les voyages!
Qui effacent au loin
Nos larmes et nos chagrins.
Mon Dieu… ah les voyages!
Comme vous fûtes sage
De nous donner ces images.

Car les voyages,
C'est la vie qu'on refait,
Le destin que l'on fait.
Que c'est bon les voyages,
Et le monde nouveau
Qui s'ouvre à nos cerveaux,
Nous fait voir autrement
Et nous chante comment
La vie vaut bien le coup
Malgré tout.

Ah jeunes gens!
Sachez profiter de vos vingt ans.
Le monde est là,
Ne craignez rien, suivez le chemin
Puis il vous guidera.

Ah les voyages!
Qui mûrissent nos cœurs,
Nous ouvrent au bonheur,
Que c'est beau les voyages!
Et lorsque l'on retourne chez soi
Rien n'est comme autrefois,
Car nos yeux ont changé
Et nous sommes étonnés

De voir comme nos soucis
Étaient simples et petits,
Car les voyages
Tournent une page.

La nostalgie des gares

J'ai la nostalgie des gares
Ell's me rappellent un départ
Et je songe amèrement.
J'ai la nostalgie des gares
Et les pas de mon cafard
M'y conduisent très souvent.
Perdu dans la foule
Je cherche un être disparu,
Mais le temps s'écoule
Et ne revient jamais plus.
J'ai la nostalgie des gares
Ell's me rappellent un départ
Et je songe tristement.

Les lettres fanées
Gardent sagement
Les mots oubliés,
Que sincèrement,
L'on avoua un jour
À l'être chéri,
Si seul'ment l'amour
Pouvait durer toute la vie.

J'ai la nostalgie des gares
Ell's me rappellent un départ
Et je songe amèrement.
J'ai la nostalgie des gares
Et les pas de mon cafard
M'y conduisent très souvent.
Tous mes souvenirs
Y sont encore bien vivants
Mais tout doit finir
C'est inutile tourment.
J'ai la nostalgie des gares
Ell's me rappellent un départ
Et je songe tristement.

LES SYNDICATS

Les syndicats, j'ai deux choses à leur reprocher. D'abord, de ne pas avoir instruit les travailleurs, de ne pas avoir informé et conscientisé les travailleurs – c'est grave ça – sur tout ce qui se passe, les véritables enjeux, c'est devenu une mentalité de piastres... d'avoir créé une mentalité de piastres. C'est tout ce qu'on entend : piastres, convention, piastres, convention, rien d'autres. Je trouve ça dommage comment ça a viré avec le temps. J'ai écrit une lettre à Michel Chartrand là-dessus. Lui, je ne pense pas qu'il m'en veuille, mais y en a d'autres qui m'en veulent parce que j'ai osé m'attaquer au syndicat. Entre autres, Pierre Dubuc. Ils ont créé des mentalités d'argent, sans conscience sociale. Moi, quand j'ai connu le début des syndicats au Québec en 1950, sous Duplessis, ça n'avait rien à voir avec les syndicats d'aujourd'hui. Michel Chartrand, Émile Boudreau travaillaient à installer une forme de justice sociale; mais eux pas en toute. Ils ont créé des classes privilégiées. Ils ont créé plus d'injustice sociale encore, sans jamais se préoccuper de ceux qui sont sans travail, de ceux qui sont dans la misère. Ils ne s'occupent que de leurs membres. Les intérêts de nos membres... Comme si c'était la fin du monde, comme si c'était tout le Québec, leurs membres. Ils ne sont qu'une partie des travailleurs du Québec, mais ils mangent une grosse partie du budget. C'est écœurant, des milliards qu'ils mangent. Alors, il ne reste plus rien pour les pauvres, pour les autres. Les syndicats pensent que tout leur est dû. Gros salaires... Fermeture. Même aux États-Unis, ça ferme. On n'est plus capable d'acheter rien sans que ce soit écrit dessous *Made in China*. Ça n'a pas de sens. En Chine, les salaires sont beaucoup moins chers. Ici, nos deux paliers de gouvernements devraient mettre des douanes. Va falloir qu'ils fassent quelque chose. Le capitalisme, ça n'a pas de pays. Ils s'en câlissent ben de leur pays eux autres, c'est leurs poches qui comptent. J'ai vu un film de Michael Moore vraiment bon. Ils ont fermé une usine dans sa petite ville de Flynn, une usine d'automobiles. Pour des raisons économiques, ils ont mis trois mille travailleurs dehors. La ville est tombée, ça n'a pas été long. C'est une ville, une compagnie, une ville, une compagnie, jusqu'à ce que le profit ait épuisé la ressource ou enrichi ses propriétaires au point qu'ils peuvent aller se faire voir ailleurs, sans scrupules. C'est ça notre beau capitalisme syndiqué mur à mur. Belle justice sociale! Prends sur la Côte-Nord, quand l'*Iron Ore* s'est retiré et a laissé un méchant trou dans le paysage, surtout qu'il l'avait eu pour rien. Ils avaient construit une ligne de chemin de fer de cinq cents milles. Je me souviens qu'à tout bout de champ, les syndicats faisaient des grèves pour toutes sortes de niaiseries, ben y'ont fermé, pis sont partis. Chu allé à Sept-Îles et tout était à vendre, des belles maisons neuves qui valaient pu rien. C'est ben beau revendiquer, mais c'est pas toujours intelligent, quand tu ne sais pas ce qui se passe. Aux États-Unis, c'est pareil. Ils parlent de mettre un arrêt à ça, les usines qui partent. Ils vont leur faire payer des gros dédommagements.

Jusqu'aux années soixante-dix, t'avais des syndicalistes qui se battaient pour une cause, mais à partir de 1970, malheureusement, c'est la piastre qui a pris le dessus… piastre… convention… grève… piastre… convention. Ce n'est pas du tout ce que voulaient les vieux. Michel Chartrand, quoisse tu voulais qu'y fasse? Y pouvait pas parler. Tu peux pas dénoncer ces choses-là quand t'es pogné dans la machine. Lui, y m'en veut pas, mais Pierre Dubuc oui. C'est le président du syndicat des professeurs. Y'est pas libre de parler lui. Quand tu fais partie d'une machine, t'es plus libre. Je lui ai envoyé une lettre pour publier dans *L'Aut'Journal* dénonçant Boisclair ben avant qu'il se morde la langue à propos des syndicats. Il ne l'a pas passée. J'y disais que personne n'allait voter pour Boisclair, parce que personne ne se reconnaît en lui, pas plus que Landry. T'as vu la dernière sortie de Landry? Je me suis toujours méfié de lui. T'as vu, l'autre est mal pris et il essaye de profiter de la situation, mais il s'est brûlé avec ça. Ça fait que Dubuc, la lettre, il ne l'a pas passée parce qu'il est maintenant impliqué dans la politique. C'est lui qui est directeur du journal, ça fait qu'en passant ma lettre, il se trouve à s'impliquer lui aussi. Il avait peur que ça lui retombe sur le nez. Ils ne sont pas libres. Y'en a pas de démocratie.

C'est triste à dire, mais les travailleurs sont ignorants, y lisent rien. Ils n'ont pas compris que c'est tout le système qui est en train de changer avec l'arrivée de la mondialisation. Maintenant, les compagnies déménagent dans les pays où ça ne coûte pratiquement rien pour produire. C'est ça le système capitaliste. Plutôt que de s'ajuster aux nouvelles réalités et de plier un peu, ils aiment mieux que la compagnie ferme l'usine et se retrouver sur le cul. Le pire, c'est que ce n'est pas toute l'industrie, mais toute une région qui va pâtir pour une prise de décision bâclée.

Pourtant, ils devraient être assez intelligents pour savoir que les compagnies, ça n'a pas de père, ça n'a pas de mère, ça n'a pas de frère, ça a rien. C'est l'argent. L'argent tout le temps, leur seul Dieu, c'est le profit. Au nom du tiers, du quart et du profit. Ils s'en crissent ben de mettre un pays à terre. Penses-tu que ça les dérange que ça fasse vingt pis trente ans que du monde s'échine à les enrichir? C'est bien la dernière de leurs préoccupations.

Si j'émets une opinion qui dérange, on me dit : « De quel droit? » Te rends-tu compte, un pays démocratique, de quel droit vous vous permettez de dire ça? Y savent même pas ce que c'est que la démocratie. Y sont ignorants. Je les hais. Quand je suis allé chanter à la Baie-James, en 1977, je me suis fait huer. Moi, ça faisait des années que je militais dans la CSN, FTQ. J'étais toujours là pour les spectacles gratuits, tout le temps. Je militais et j'étais souvent à la CSN et à la FTQ. Je connaissais tout le monde et, un jour, on m'invite à chanter à la Baie-James. Là, j'embarque toutes mes chansons pour les travailleurs, pis contre la finance. Des chansons un peu de gauche, mais je me suis fait huer. Ils étaient trois mille. Je leur ai dit de manger d'la marde. Y m'ont pogné, m'ont mis dans un char et m'ont amené à l'autre bout, du côté des ingénieurs, et ils m'ont caché là. Les gars me cherchaient partout. Le lendemain matin, ils m'ont amené à l'aéroport, en cachette. Deux ans plus tard, j'ai téléphoné pour retourner faire un spectacle. Le gars qui m'a répondu m'a dit : « Tabarnak! on veut pas te voir icitte. » Parce que je chantais des chansons sur la solidarité. Eux autres voulaient Claude Blanchard. Moi, j'allais faire du piquetage, des *shows*-bénéfice et quand ils avaient besoin d'un artiste, ils allaient chercher des quétaines et les payaient bien. Ils avaient d'l'argent pour eux autres, mais pas pour moi.

J'étais toujours là à la grève de la United Aircraft. Ils m'avaient donné un beau *coat* de travailleur. Dans ce temps-là, j'étais toujours avec Bisaillon, qui était député. Il m'a aidé beaucoup. J'étais ben *chum* avec lui, pis je l'ai pu jamais revu. Il a lâché la politique. Il est professeur à l'école des hauts fonctionnaires maintenant. Je n'l'ai jamais revu, c'est drôle.

On avait fait aussi, avec Pauline Julien, pour Vallières et Gagnon, *Chants et poèmes pour la Résistance.*

Quand le PQ a pris le pouvoir, Reggie Chartrand et moi, on avait besoin d'ouvrage, nous autres aussi. Surtout Reggie. Lui, il était courageux avec son mouvement Les Chevaliers de l'Indépendance. Toute la marde qu'il a eue. Non seulement il s'est fait battre, mais il a perdu son permis pour son école de boxe. Ils ont tout fait pour l'écœurer. Avec Reggie, on était allés à Québec pis on avait vu Claude Morin justement. On lui a demandé de nous aider et il nous a gentiment répondu qu'il ne pouvait rien faire pour nous. On s'est fait rejeter.

Quand j'ai commencé à gueuler contre René Lévesque, Pauline me disait : « Mais, Raymond, tu ne connais pas la réalité du pouvoir. » C'est quoi ça, la réalité du pouvoir? Elle m'a fait rire, elle. Comme si c'était une espèce de fatalité d'être crosseur. Moi, je lui répondais que la réalité du pouvoir, ce n'est pas compliqué, c'est la valeur des hommes qui sont là.

Ça, c'est comme Boisclair avec l'affaire du crucifix. Ce n'était pas nécessaire. C'est un manque de jugement. Pourquoi le crucifix? Au Québec, ça dérange quoi? C'est une gaffe ça. C'est blesser beaucoup de gens. Pareil pour les syndicats, coup sur coup, ça enlève la confiance sur son jugement.

Le barrage

On a chanté la Manic
Chanson douce et sympathique
On a chanté la Baie James
Où il y a tant de problèmes.
Moi aussi je voudrais
Écrire un gros succès.

Je me cherche un barrage
Pour chanter mon beau pays
Je me cherche un barrage
Pour parler de ma mie,
Je me cherche un barrage
Quelque part loin d'ici
Perdu dans le paysage
Où tout l'monde s'ennuie.

Je voudrais à mon tour
Parler, parler d'amour,
Raconter mes déboir's
Raconter mes espoirs.

Je me cherche un barrage
Pour chanter mon beau pays
Je me cherche un barrage
Pour parler de la vie.

Là-bas dans les gros chantiers
Où l'on fait l'électric'té,
Il y a ben des choses à dire
Ben des affaires à écrire,
J'pas plus bête que les autres
J'veux composer quek qu'chose.

Je me cherche un barrage
Pour chanter mon beau pays

Je me cherche un barrage
Pour parler de ma mie,
Je me cherche un barrage
Quelque part loin d'ici
Perdu dans le paysage
Où tout l'monde s'ennuie.

Je voudrais raconter
Comment l'ouvrage est dur
Parler de liberté
Et sauver la nature!

Je me cherche un barrage
Pour parler des gars d'ici
Chanter notre héritage
Et sauver mon beau pays.

Le sacrage

Je n'ai pas eu à courir loin
Lorsque j'étais petit gamin
Pour apprendre le rudiment
Du ciboire et du sacrement.

Ça m'est venu naturel'ment
En écoutant sacrer mes frères
Et déjà tout petit enfant
Je pouvais pousser mon calvaire.

Quand mes tantes venaient me voir
Et m'faisaient des guédi-guédis
Je leur lâchais deux trois ciboires
Et les guédis c'était fini.

Faut dire que j'étais doué
Je crois qu'on m'aurait rien montré
Que par moi-même j'aurais trouvé
Comment dire « Hostie-poké »

Quand le curé me confessait
J'faisais semblant d'avoir le trac,
Mais juste comme je m'en allais
Je lui lâchais un tabarnacle.

Il me couraillait dans l'église
Cherchant à me donner des claques,
Et dev'nait rouge comme une cerise
Oui, car il était cardiaque.

Il s'arrêtait tout essoufflé
La main sur le cœur, tout tremblant,
Et moi pour le réconforter
J'lui disais : crève vieux sacrement.

Plus tard quand je me suis marié
J'ai essayé de m'corriger,
Mais quand la chicane a pogné
Le naturel a galopé.

Et dans l'ambiance sympathique
D'un beau ménage catholique,
Comme dans un divin message
Je la traitais de Sainte Viarge.

Si sacrer ce n'est pas très beau
Et nous barre avec le Très-Haut
Par contre ça met du piquant
Dans l'quotidien qu'est achalant,
Et ça nous aide à supporter
Mille et une contrariétés.

Un sacrement ou un baptême
Ça fait toute la différence.
Ça ne règle pas le problème
Mais on lui dit ce qu'on en pense.

Et câlisser un coup de poing,
Crisser le camp en tabarnacle
Maudit que ça fait don du bien
Ça soulage, vide le sac.

Que les Français sont malheureux
De vivre si loin du bon Dieu,
Toutes leurs phrases bien polies
Ça vaudra jamais un hostie.

Allons, allons mesdames, messieurs,
N'ayez pas peur, libérez-vous,
Sacrez un peu, soyez heureux,
Vaut mieux ça que devenir fou.

Et mon rêve le plus précieux
C'est de pouvoir vivre assez vieux
Pour voir, après mille souffrances,
Un bon matin l'indépendance,
Et tout l'Québec crier bien fort:
On les a eus les Saint-Ciboires.

Les militants

Les militants
Ont de grandes idées
Ils rêvent de justice
Ils veulent changer le monde.

Les militants
Ils travaillent pour rien,
Donnent leur force et leur temps
Pour aider leur prochain

Les militants
Sont seuls dans le combat
Et se font critiquer
Par ceux qu'ils veulent aider

Les militants
Se retrouvent en prison
Sont sans cesse pourchassés
Et se font matraquer.

Les militants
Ne doivent attendre rien
Ni médailles, ni honneurs,
Même pas un remerciement.

Les militants
Doivent avoir le courage
De se battre jusqu'au bout
Pour leur seul idéal.

Les militants
Meurent incognito,
Souvent sous la torture,
Souvent assassinés.

Les militants
un jour on cherchera
Leur visage et leur nom,
Mais on ne trouvera rien.

Reggie Chartrand

Dans la famill', la famille Chartrand
De père en fils depuis très très longtemps
On a toujours eu les muscles solides
L'œil vif et puis une gauche rapide.
Il paraîtrait que l'ancêtre Chartrand
Fendait du bois rien qu'en le regardant
Mais pour se t'nir en forme, il lui fallait,
À tous les matins, planter son Anglais.

Quand on a fait le ch'min d'fer de Matane
Y' avait un oncle, un oncle qu'était *foreman*
Et qui pouvait jongler avec les rails
Comme un chômeur jongle pour du travail,
Il vous swingnait un' track que d'une main
Et elle s'enlignait comm' trois putains,
Quand il manquait son coup il se fâchait
Pour se venger y'enlignait trois Anglais.

J'vous dis que c'est une famill' de *toughs*
Et quand ça fess', ça fesse en catastrophe,
Même les fill's peuvent vous enligner,
Vous, votre gang et aussi Casius Clay.
Et quand ell's aim'nt il paraît que le gars
A plutôt l'intérêt d'marcher au pas
De pas essayer de faire son Français
S'il ne veut pas finir comme un Anglais.

Il y a une légende de l'époque
Qui dit que dans cette famill' de durs
Les petits naiss'nt avec des gants de boxe
Et puis un « punching bag »… mais, c'est pas sûr,
En même temps qu'leur première tétée
Ils commencent déjà à s'entraîner,
Ils ont à peine deux, trois dents de lait
Qu'ils veulent péter la gueule à un Anglais.

Alors sans dout' qu'maint'nant vous comprenez
Pourquoi Reggie se laiss' pas achaler
Dans sa famill' c'est une tradition
Qu'il perpétue dans sa génération,
Il est pas grand, il a pas l'air d'un « beu »
Mais je vous dis que lorsqu'il est nerveux
J'aime encore mieux avoir l'air épais
Qu'avoir un' maudite face d'Anglais.

Solidarité

Travailleurs
Vous avez tout contre vous,
Vos patrons
Vous méprisent, vous exploitent,
Les marchands
Vous volent et vous trompent,
Les politiciens
Vous mentent, vous trahissent,
Les forces de l'ordre
Protègent les puissants,
Qui s'enrichissent sur votre dos,
Le clergé
Vous a toujours soumis
Et vit aussi de vous.

Les méd'cins vous abusent
Les hommes de loi,
Tous ceux qui par leur science
Savent que vous viendrez
Vous êtes les soldats
Et les payeurs,
Vous êtes les bras
Qui font marcher l'usine,
Vous êtes la vie.

Sans vous rien ne se fait,
Mais tout le monde vous trompe,
Vous vole, vous exploite,
Il n'y a pour vous
Qu'un seul espoir,
Solidarité, Solidarité, SOLIDARITÉ.

Le chômage

Deux chômeurs sont assis sur un banc.

1er — Qu'est-ce que ta mère te disait?

2e — Pas grand'chose. Elle me disait comme ça : « T'es-tu lavé les oreilles? »

1er — C'est tout?

2e — C'est tout.

1er — Tous les jours?

2e — Tous les jours.

1er — Qu'est-ce qu'elle avait contre tes oreilles?

2e — Je sais pas le diable. Pour elle, les oreilles, c'était le centre du monde. Un gars qui avait les oreilles propres, il était correct.

1er — Moi, ma mère, c'était les pieds :
« T'es-tu lavé les pieds? »

2e — C'est bizarre.

1er — Remarque que c'est plus normal que ta mère avec tes oreilles.

2e — Pourquoi ça?

1er — Parce que dans la vie, un gars peut toujours se placer les pieds... mais les oreilles?

2e — Je m'excuse, des oreilles propres c'est très important. Sais-tu que si tu te places les pieds les oreilles sales, que tu gardes pas ta place longtemps, tandis que des pieds ça se voit pas.

1er — Ça se sent.

2e — D'accord. Mais si tu les places comme il faut, que t'es gérant, personne dira rien.

1er — T'as raison. En somme, ce qu'il faut, c'est être boss.
2e — Ouais. Alors plutôt que nous dire :
« Lave-toi les oreilles, lave-toi les pieds », nos mères auraient dû nous dire...

1er — Grouille-toi le cul.

2e — C'est ça. Grouille-toi le cul.

Un silence.

1er — Pis ton père... qu'est-ce qu'il te disait?

2e — Il me disait : « L'argent ne fait pas le bonheur. »

1er — Y'en avait pas?

2e — Non.

1er — C'est toujours ceux-là.

2e — Toi, ton père, y'en avait?

1er — Non.

2e — Qu'est-ce qu'il te disait?

1er — Gagne-z-en!

2e — Mais comment?

1er — Ça, il me le disait pas.

2e — Il devait pas le savoir.

1er — Ça doit... Y'en avait pas.

2e — Pis son père?

1er — Y'en avait pas non plus.

2e — Alors il a pas pu lui dire.

1er — Non.

2e — Pis ton arrière-grand-père?

1er — Y'en avait pas lui non plus.

2e — Personne en a jamais eu.

1er — Personne.

2e — Ça fait qu'ils pouvaient pas dire aux autres comment en avoir.

1er — Non.

2e — Alors vous avez toujours été dans la marde.

1er — Toujours.

Un silence.

2e — Mais crois-tu franchement que l'argent fait pas le bonheur?

1er — Certainement. Regarde le parc ici. Vois-tu un seul gars riche qui profite du beau temps comme nous? Non. Va dans les plus beaux parcs, t'en verras pas un. Pis va sur leurs grandes pelouses où il y a de beaux chênes, t'en verras pas un qui dort. Ils sont tous dans leurs grands bureaux à travailler comme des fous. Quand ils veulent se reposer, ils s'en vont s'entasser les uns sur les autres en Floride. Regarde, nous autres, on est tout seuls… tranquilles.

2e — T'as raison. Mais quand même je me rappelle que le professeur nous disait : « L'oisiveté est la mère de tous les vices. »

1er – Qu'est-ce qu'ils en savent? Ils travaillent. Ce sont toujours ceux qui travaillent qui disent ça. Est-ce que j'ai l'air d'un vicieux?

2e — Non.

1er — Alors! Et toi… as-tu des vices?

2e — Ben...

1er — En as-tu ou t'en as pas?

2e — Je le sais pas.

1er — Quand on en a, on le sait. Bois-tu?

2e — J'ai pas d'argent.

1er — Fumes-tu?

2e — J'ai pas d'argent.

1er — Courailles-tu?

2e — J'ai pas d'argent.

1er — Alors, t'as pas de vices! Pas d'argent, pas de vices! Alors, qu'est-ce qu'ils ont tous contre l'oisiveté! L'oisiveté, moi je dis que c'est la mère de la sainteté. Comme t'as rien à faire, t'as le temps de penser, d'élever ton âme vers Dieu. Regarde les moines, ils prennent ça tranquillement, pas vite.

2e — C'est pas toujours de même. Il y en a qu'à rien faire, ils ont des mauvaises pensées.

1er — Qu'est-ce que c'est ça des mauvaises pensées?

2e — Quand on pense aux femmes.

1er — Y a rien de mal à penser aux femmes.

2e — Ça dépend de ce que tu veux faire avec.

1er — Qu'est-ce que tu veux faire avec?

2e — Ben… leur poigner les tétons.

1er — Pis y a rien de mal là-dedans. Elles aiment ça.

2e — Ah… Elles aiment ça? Moi qui me retenais!

Un silence.

1er — Et pour le bon Dieu, qu'est-ce que ta mère te disait?

2e — Qu'il était partout.

1er — Moi aussi, mais je l'ai pas crue.

2e — Moi non plus, mais il m'a rattrapé.

1er — Qui ça?

2e — Le bon Dieu.

1er — Où ça?

2e — Partout. Il est partout. Y a pas une maison où je suis entré où il était pas sur un mur, au-dessus de la porte, dans la cuisine, dans la chambre à coucher. Quand c'est pas lui, c'est sa mère… son frère… son cousin… le gars avec le marteau.

1er — Moi, ma mère me disait qu'il était infiniment bon. « Infiniment ». Quand j'étais petit gars, c'était un mot qui m'émerveillait. « Infiniment », sans fin... sans limites...

2e — Ça c'est la définition du Petit Larousse, mais en réalité?

1er — En réalité, j'ai été un peu déçu. Je me disais : Il est peut-être bon sans limites, mais ses limites elles sont pas longues. C'est comme lorsque petit gars j'habitais au coin de Cherrier et St-Hubert. Pour moi, la rue Duluth, c'était « infiniment » loin. Pour le bon Dieu, c'est la même chose. Il est infiniment bon, mais passée la rue Duluth, le trouble commence.

2e — Qu'est-ce qui t'est arrivé?

1er — Tout d'abord, je suis monté jusqu'à la rue Mont-Royal. C'est effrayant tout ce que j'ai vu là.

2e — Comment ça?

1er — Un après-midi, je suis entré dans un club, puis j'ai vu une bataille. Une tannante! Deux gros qui battaient un petit. Je me disais : c'est pas correct. Deux petits qui battent un gros, O.K.! Mais deux gros sur un petit... j'ai pensé : le bon Dieu va faire quelque chose. Non. Rien. Y'a fait comme moi. Y'a regardé la bataille.

2e — T'es sûr que le bon Dieu était là?

1er — Oui. Oui. Tu disais qu'il était partout, ben y'était derrière le bar.

2e — Ben non, c'était le barman.

1er — Non, non. Le bon Dieu. Je l'ai vu changer de l'eau en alcool.

2e — Comment ça?

1er — Il mettait de l'eau puis de la glace dans un verre et puis il collectait un gin.

2e — Alors, y'a rien fait.

1er — Non. Alors, j'ai eu comme un doute. Après, je me suis promené sur les petites rues transversales : Berri, Drolet, St-André, Fabre... et j'ai vu de la misère, monsieur! Des manteaux tout râpés, et juste un petit peu plus haut, sur le boulevard St-Joseph, des beaux manteaux tout poilus.

2e — T'as eu un autre doute.

1er — Non. J'en ai conclu que plus tu montes vers le nord, plus le poil se conserve.

2e — Après, qu'est-ce que t'as vu?

1er — J'ai vu des propriétaires écœurants mettre du monde dehors. J'ai vu des commerçants aussi voleurs les uns que les autres. Alors, je me suis dit : c'est pas possible que le bon Dieu soit bon. Maman s'est trompée.

2e — Où est-ce que tu as vu ça?

1er — Dans le bout de la rue Mont-Royal.

2e — En bas de la rue Duluth, t'as rien vu de ça?

1er — Non, monsieur. Alors, j'en ai conclu que, passé la rue Duluth, c'est là que commençait la géhenne.

2e — La quoi?

1er — La géhenne. C'est écrit dans la Bible.

2e — Ah... la « Jéhenne Benoit ».

1er — Non... non… les enfants de « Géhenne ».

2e — Les enfants de « chienne » dans la Bible! Es-tu après devenir fou?

1er — Certainement. Depuis le dernier concile, l'Église a décidé de se faire plus... « universelle ».

LA POLITIQUE

À l'Assemblée nationale, les députés, tout le monde à genoux, tout le monde à genoux. Quelques ministres qui décident pis les autres se ferment la gueule. Où elle est la démocratie quand il n'y a pas un député qui peut se lever pour dire le contraire au caucus? C'est impossible. Alors, ce n'est pas de la démocratie, ça. En fin de compte, c'est un boss premier ministre qui mène, les autres ministres qui suivent, mais les députés, c'est des marionnettes... Ils travaillent pour leur comté, mais ils ne peuvent pas s'exprimer. Y sont pognés.

Duplessis, lui, quand il nommait un ministre, il lui faisait tout de suite signer sa lettre de démission. Il faisait ça en même temps qu'il le nommait ministre. Il tenait le gars par le bon bout. C'est écœurant!

René Lévesque, c'est pareil. Une fois, j'ai vu une photo de René Lévesque devant la statue de Duplessis. Il avait l'air plein d'admiration. René Lévesque, il les tenait tous comme ça. Le petit Charron pis Gérald Godin, dans les années soixante. Ouais! La révolution pis toute. Mais quand Lévesque a pris le pouvoir, il leur a fait fermer la gueule. Il les a nommés ministres, puis taisez-vous. Il leur a donné des postes. C'est de même que Duplessis faisait aussi. Il leur donne des postes pis là, y s'ferment la gueule... parce que...

Une fois, j'ai rencontré Cournoyer à la Place Ville-Marie. Je lui ai dit : « Godin devrait démissionner, avec Lévesque, ça va tout croche. » Il m'a répondu : « Crisse, Raymond, Godin c'est 75 000 piastres par année. On ne démissionne pas. »

Lévesque, là, ça a été le pire qui a passé. C'est dommage. Il a coulé l'affaire. D'abord, je vais tout t'expliquer. Lévesque, ils l'ont mis dehors du Parti libéral. Il avait encore le goût de faire de la politique et il savait qu'il était populaire. Alors, quand il a vu l'indépendance souverainement, il a ramassé ça. Bourgault, ça a été le drame de sa vie d'avoir sabordé le RIN. Il ne se l'est jamais pardonné. Il avait fait confiance à Lévesque.

Lévesque, pour un indépendantiste, c'est drôle, mais il a éloigné tous ceux qui étaient les plus farouches défenseurs de l'indépendance. À commencer par Bourgault, Barbeau, d'Allemagne. Les as-tu vus autour de lui? Ben, non. Il les a éloignés parce qu'il voulait l'affaire pour lui tout seul. Lévesque ne voulait pas l'indépendance parce qu'il savait que ce n'était pas possible. Du moins, il croyait que ce n'était pas possible. Lui, ce qu'il voulait, c'était une nouvelle entente avec le fédéral. C'est tout ce qu'il voulait : rapatrier des droits. Alors, il est allé perdre son temps dans des conférences à Ottawa à se faire niaiser par Trudeau. S'il avait été vraiment indépendantiste, il n'aurait pas fait ça. Il a fait des erreurs terribles. S'il a pris le pouvoir, c'est grâce à des milliers de militants qui ont fait du porte-à-porte, pis qu'y se sont impliqués. Quand Lévesque est arrivé au pouvoir, il les a mis dehors.

Moi, j'avais un club sur la rue St-Hubert, pis les jeunes venaient me voir pis y pleuraient. Il les a mis dehors en disant : « Si on a besoin de vous, on vous rappellera ». C'est-tu écœurant rien qu'un peu? Il aurait dû garder ses militants actifs. Ils étaient là. Il les aurait lâchés dans le décor, porte-à-porte encore, pis il aurait passé le référendum dans l'année. C'était gagné. Mais au lieu de ça, il a perdu quatre ans.

Les élections

Pourtant y'avait fait son dépôt.
Mis des affiches sur les poteaux,
Et puis emprunté huit cents piastres
Sur son beau « set » de salon,
Qui valait ben deux mille piastres,
Oui mais les gens sont si cochons.
Ils profitent que vous êtes mal pris
Pour vous saisir même votre habit.

Pourtant sa femme l'avait aidé.
Au téléphone toute la journée,
Elle appelait je ne sais où
Mais elle en appelait un coup:
Et puis tous les soirs à cinq heures
À la porte des chantiers d'Lauzon
Pendant deux mois, j'suis pas menteur,
Y'avait gueulé ses opinions.

Son médecin lui avait dit
Qu'à son âge c'était pas sérieux.
Qu'la politique et les partis,
Pour la santé c'tait dangereux.
Qu'il faisait de la haute pression,
Que les discours, les émotions,
Les tracass'ries et le Québec
Ça tuait son homme, sa femme avec.

Mais il ne voulait rien savoir
Il en avait trop sur le cœur,
Il voulait prendre le pouvoir
Pour soulager tous les malheurs.
Car il en avait plein le casque
De voir souffrir, mourir sa race,
Tout ça à cause des Anglais,
Et d'autres affaires qu'il savait.

Pour bien clôturer sa campagne,
Y'a loué la salle du collège,
Une belle salle de mille sièges
En pente douce, comme une montagne.
Y'a engagé des grands artistes,
Qu'il payait comme des ministres,
Des artistes qu'attireraient
À dix milles un sourd et muet.

Mais y'a fait une petite erreur,
Y'a mis le père directeur
En charge de la vente des billets
Et le père qui votait d'l'autre bord,
Aux personnes qui s'informaient
Disait, sans reproche et sans remords,
Qu'il n'y avait pas de soirée
Et personne s'est dérangé.

Aux élections, il fut battu,
Pourtant il s'était débattu,
Mais on a beau faire comme il faut
Sur la terre comme là-haut,
On a beau faire comme il faut
C'est toujours l'père qu'y'a le dernier mot.

Les gouvernements

À la têt' des gouvernements
C'est certain et c'est évident
On élit pour mener le Bal.
Que des catastroph's nationales.
Ce sont jamais les plus doués
Qui sont élus pour gouverner
Mais, comme si c'était normal.
Que des catastroph's nationales.

On ne sait pas comment ils font
Pour se glisser dans les salons,
Pour se placer les pieds partout,
Devenir des grands manitous,
Mais à tout coup, c'est immanquable,
Ils siègent au bout de la table.

Alors ils n' font que des bêtises
Mettent tout le monde en maudit
Nous font des mauvaises surprises
En promettant le Paradis.
Mettent la pagaille partout
Le bateau coule de tout bord
Ils dépensent tous nos bidous
Éventrent les gros coffres-forts.

Ça va mal c'est bien effrayant
Il y a personne de content
Mais aux prochaines élections,
Je vous mets dix piastr's sur la table,
Que tous les caves éliront
Une autr' catastroph' nationale.

Les hommes sont faits comme ça,
Ils se marient sans y penser
Et puis pour le reste, ma foi,

Ils foncent sans trop regarder.
Quand mêm' qu'il y aurait des écoles
Que pour former des « grosses boles »
Ils voteront à tous les coups
Pour les plus caves, les plus mous
Ceux qui ne sont mêm' pas capables
De vous dételer un cheval,
Des vraies catastroph's nationales.

Et puis ça pue puis ça va mal
Viv' les catastroph's nationales
On s'fait fourrer, on est heureux
Que les bons homm's restent chez eux.

Politique

Il n'y a pas de solution
Politique.
La solution
Est dans le cœur,
Vient du cœur,
Est en chacun de nous.
Il n'y a pas de solution
Politique.
Il n'y a pas de système.
Les systèmes ne peuvent rien
Quand le cœur
N'y est pas.

Il n'y a pas de solution
Politique.
La solution
Est dans l'amour.
Tout amour.
Elle vient du respect,
Le respect de la vie.
Il n'y a pas de solution
Politique.
Il n'y a pas de système.
Mais quand un jour les hommes s'aimeront
Alors la vie
Sera sauvée.

La vie volée

Vous vous faites
Voler vos vies.
Par le travail
Et l'argent,
Vous vous faites
Voler vos vies.
On a fait de vous
Des esclaves.
Vous avez été
Conditionnés
Par les préceptes
Et la servitude.
Vous vous faites
Voler vos vies.

Il n'y a rien à faire
Contre la folie d'un siècle.
Il faut laisser le temps
Faire son oeuvre,
Les hommes mûrir.
Mais l'inquiétude
Nous fait nous demander souvent
Si tout cela arrivera
À temps,
Si la maturité de l'intelligence
Saura rejoindre le triomphe
De la bêtise
Qui menace tout...

La mémoire

La mémoire... la mémoire...
C'est une vieille armoire
Qui déborde d'hiers,
Souvenirs et regrets
Où ce n'est pas tout clair,
Et pas tout « joliet ».
Parfois ça nous revient
Quand on se sent pas bien,
Que nous serions tentés,

À plus jamais penser.
Tout à coup une image
Nous trotte dans la tête
Et cause des ravages,
Soulève une tempête.
Le cœur tout en bouillie
On n'est pas en humeur,
S'il y avait un fusil

Pour tuer la rancœur,
Y aurait pas trop de coups,
Pour nous guérir de tout,
Car si dans la mémoire
Y a de beaux souvenirs
Ce sont les choses noires
Qui tendent à revenir.
Des affaires d'argent.
Des affaires de cœur
Où les beaux sentiments
Ont perdu leur fraîcheur,
Des maudites histoires.

Où on n'a pas été
Toujours tout en beauté,
Toujours en pleine gloire,

Alors quand ça revient,
On a la tête basse.
On se passerait bien
De la honte qui passe.
La mémoire... la mémoire...

C'est une vieille armoire,
Il vaut mieux pas l'ouvrir
Et puis perdre la clef,
Car si vous commencez
À tout vouloir sortir,
Vous aurez pas assez,
Assez de vin pour tout,
Pour tout oublier.
Et vous deviendrez fou...
Fou fou fou fou fou fou fou fou,
Assez de vin pour tout tout tout...
Et vous deviendrez fou.

Je me souviens

(Sur l'air de « Ô Canada ») (Suggestion pour un hymne national québécois)

Je me souviens
Des hommes courageux,
Cartier, Champlain,
Suscitant de leurs vœux,
La croissance de terres nouvelles,
Oeuvre de nos aïeux,
Et je veux demeurer fidèle
À cet héritage généreux.
Je me souviens,
Je me souviens,
Et défendrai ma langue
Et mon pays,
Je défendrai ma langue
Et mon pays.

Pour que les miens
Puissent voir l'avenir,
D'un gai chemin,
Sans crainte de périr.
Que mes fils poursuivent leur vie,
Libérés du souci,
De combattre pour leur Patrie,
Et d'être toujours en sursis.
Je me souviens,
Je me souviens,
Et défendrai ma langue
Et mon pays,
Je défendrai ma langue
Et mon pays.

L'INDÉPENDANCE

Si Lévesque avait voulu, s'il avait vraiment été indépendantiste, il aurait pu faire l'indépendance dans l'année qui a suivi sa prise de pouvoir, en gardant ses militants, en faisant de l'information, pis ça aurait passé. Mais quatre ans de vide, les gens savaient pu où ça s'en allait, avec les résultats que l'on connaît. De toute façon, il ne le savait pas lui non plus. Quand il s'est finalement décidé à faire le référendum, c'est parce que les élections s'en venaient. C'était pu le temps. Quand tu es un vrai indépendantiste, tu ne t'arrêtes pas à la première défaite. Tu continues. Mais après avoir perdu le référendum, il y a eu les élections et il a dit : « Bon, ben, maintenant là, juste un bon gouvernement, on en parle pu. » Juste un bon gouvernement... On n'a jamais vu ça un chef qui s'arrête à sa première défaite. C'est correct, fini, on en parle pu...

Pis Godin, pis Charron, on les a pu entendus non plus. Moi, j'avais écrit une lettre à Godin. Je lui avais dit qu'il n'avait pas le droit de rester là, qu'il se devait de démissionner. Pas longtemps avant qu'il meurt, il m'a dédicacé son dernier recueil de poèmes en disant : « Raymond, tu avais raison. » J'étais toujours un des premiers à leur rentrer dedans avec mes lettres dans les journaux. Les gens m'écrivaient en me demandant : « De quel droit? »

Félix est arrivé à l'indépendance seulement en 1970. Félix, je le voyais à Paris en 1954 et il me disait : « Raymond, c'est ben beau la France, mais je me dois à mon pays. » C'est pour cela qu'il est revenu. Il s'est fait écœurer, ça pas d'allure. Il se faisait démolir tout le temps. Il publiait un livre, ses pièces de théâtre, ses émissions de radio, de télévision, il se faisait démolir.

Dans ce temps-là, il y avait un état d'esprit qui n'existe plus aujourd'hui, quand un Québécois essayait de réussir, on tentait de l'écraser... la jalousie! C'est ça la vieille mentalité : démolir. N'oublions pas qu'un peuple colonisé n'a jamais d'admiration pour ses propres artistes. Ils aimaient tout ce qui venait d'ailleurs, pis quand c'était d'ici, forcément, c'était toujours moins beau.

Mon père en a souffert beaucoup lui aussi, comme premier éditeur québécois. C'était les Français qui dominaient dans le domaine de l'édition ici, encore aujourd'hui, d'ailleurs. Tu vas dans les librairies et ce n'est pas souvent le livre québécois qu'on retrouve en vitrine ou au premier plan sur les rayons des présentoirs. Moi, où je suis?

Mon père était le seul à publier les auteurs québécois et comme quand tu étais québécois, c'était moins bon, pas étonnant qu'il ait fait faillite après quelques années d'édition.

C'est comme ça qu'ils sont tombés sur le dos de Félix et qu'ils avaient toujours quelque chose à dire ou à écrire pour le démolir. Alors, Félix s'est écœuré pis est reparti vivre en Suisse, mais après quelques années, il a eu le mal du pays et est revenu s'installer, bâtir sa maison sur l'Île d'Orléans. Il s'est barré, une clôture, y voulait pu voir de monde. C'est là qu'il a commencé à s'impliquer pour l'indépendance avec l'*Alouette en colère* et *Mon fils*. Un peu après les autres, parce qu'il était en Suisse. Il a dit de bonnes choses.

De la souveraineté

Souverainiste depuis 1960, je suis allé, depuis, de déception en déception. D'abord lorsque monsieur René Lévesque, se cherchant un parti, fit se saborder le RIN pour fonder le Parti québécois (un nom dont il ne voulait même pas, mais qui lui fut imposé). je lui donna une confiance aveugle comme bien d'autres. Mais de zigonnage en zigonnage, atermoiements et bifurquages, j'ai fini par perdre confiance. Surtout après ce référendum organisé à reculons et à la sauvette, lorsqu'il ne parla plus que d'un bon gouvernement pour finir dans le beau risque, j'ai eu, comme le veut l'expression populaire, mon voyage.

J'en suis maintenant à monsieur Lucien Bouchard et à son fameux déficit. Celui-ci réglé, où va l'argent? Comme toujours, en subventions pour les plus riches, mais rien pour les plus démunis. Qu'a-t-il fait pour cette jeunesse, rejetée et méprisée, qui traîne dans nos rues? S'il y a une vraie richesse dans un pays, c'est bien cette jeunesse, que l'on laisse sombrer dans la drogue et le suicide. Et que fait-il pour ces enfants qui vivent dans la pauvreté et qui ne mangent pas à leur faim? Et pour tous ceux qui, désargentés, vivent dans le désespoir? Rien. Des augmentations à nos hauts fonctionnaires d'abord. Le reste ne semble pas avoir beaucoup d'importance.

Ayant constaté que toutes les révolutions ont été volées, que ce soit à Cuba, en Algérie ou en Russie, je crains fort que la même chose ne nous arrive et qu'elle profitera, d'abord, à des politiciens qui rêvent de se bâtir un petit pouvoir et à des richards qui le deviendront encore plus. Mais notre jeunesse restera sur le trottoir et les enfants pauvres continueront à manger du beurre de *peanut*. C'est pourquoi la souveraineté ne m'inspire plus confiance et je me dis que, dans le fond, ce n'est pas si pire et que, si nous réussissons à nous débarrasser de nos francophones à Ottawa, qui ont comme mission de nous mettre au pas, peut-être que les choses finiront par s'améliorer.

Québécois

Québécois
Où est votre fierté
D'élire des hommes
Qui vous vendent
Et vous trahissent.
Québécois
Où est votre fierté
De vendre votre peine.
Plutôt que de posséder.
Secouer le joug est un effort,
Il y a des risques à s'affranchir,
Toute chose demande du courage,
Il n'y a jamais rien d'assuré.
Québécois
Où est votre fierté
De vous laisser brimer
Et sans cesse mépriser.
Québécois
Vous avez peur de quoi?

Québécois
Vous avez les moyens,
Et sans violence,
De changer votre destinée.

Québécois
Quand vous serez chez vous,
Jamais plus personne
Ne pourra vous dépouiller.
Vous seuls prendrez les décisions,
Dans le sens de vos intérêts.
Vous n'aurez plus sans cesse à vous battre
Pour tout ce qui vous revient de droit.
Québécois,
Quand vous aurez choisi

De n'être plus perdants,
Vous serez des gagnants.
Québécois
Vous avez peur de quoi?

Bozo-les-culottes

Il flottait dans son pantalon,
De là lui venait son surnom,
Bozo-les-culottes.
Y'avait qu'une cinquième année,
Y savait à peine compter,
Bozo-les-culottes.
Comme il baragouinait l'anglais,
Comme gardien de nuit il travaillait,
Bozo-les-culottes.
Même s'il était un peu dingue,
Y'avait compris qu'faut être bilingue,
Bozo-les-culottes.

Un jour quelqu'un lui avait dit
Qu'on l'exploitait dans son pays,
Bozo-les-culottes.
Que les Anglais avaient les bonnes places
Et qu'ils lui riaient en pleine face,
Bozo-les-culottes.
Il n'a pas cherché à connaître
Le vrai fond de toute cette affaire,
Bozo-les-culottes.
Si son élite, si son clergé,
Depuis toujours l'avaient trompé,
Bozo-les-culottes.

Y'a volé de la dynamite
Et dans un quartier plein d'hypocrites,
Bozo-les-culottes,
Y'a fait sauter un monument
À la mémoire des conquérants,
Bozo-les-culottes.
Tout le pays s'est réveillé
Et puis la police l'a pogné,
Bozo-les-culottes.

On l'a vite entré en dedans,
On l'a oublié depuis ce temps,
Bozo-les-culottes.

Mais depuis que tu t'es fâché,
Dans le pays ça a ben changé.
Bozo-les-culottes.
Nos politiciens à gogo
Font les braves, font les farauds,
Bozo-les-culottes.
Ils réclament enfin nos droits
Et puis les autres ne refusent pas,
Bozo-les-culottes.
De peur qu'il y en ait d'autres comme toé
Qui aient le goût de recommencer,
Bozo-les-culottes.

Quand tu sortiras de prison,
Personne voudra savoir ton nom,
Bozo-les-culottes.
Quand on est d'la race des pionniers,
On est fait pour être oublié,
Bozo-les-culottes.

Grenouille

Faut pas craindre de s'affirmer,
De soulever vent et tempête,
Ce monde est dur et sans pitié
Même s'il y a des violettes.
Quand nos ancêtres sont Normands,
Ils viennent pas de Buckingham.
S'il y en qui sont pas contents
Ignorez ces pauvres quidams.

Car tout ce qui grouille,
Grenouille,
Scribouille,
Cela n'a aucune importance,
Cela n'a aucune importance.

Quand on veut être trop gentil
Quand on veut être trop poli,
Plein de courbettes et de mercis,
On risque sa place et sa vie.
Il faut savoir dire « merde »,
En faire un adjectif, un verbe,
Cela jette toujours un froid
Et causera tout un émoi.

Mais tout ce qui brouille,
Embrouille,
Pétouille,
Cela n'a aucune importance,
Cela n'a aucune importance.

La révolte le monde est contre,
Mais elle a fait le tour des montres,
Plus souvent que douce colombe,
Qui se cherche un nid en ce monde.
En attendant des jours meilleurs,

Quand viendra le règne des cœurs,
De la finesse et des beaux mots,
Levons le poing quand il le faut.

Et tout ce qui souille,
Verrouille,
Bafouille,
Cela n'a aucune importance,
Cela n'a aucune importance.

Lorsque demain dans notre langue
Poliment ils nous parleront,
Qu'ils respecteront sans harangue,
Notre passé, nos traditions.
Alors nous nous apaiserons,
Pour retrouver notre sourire,
En attendant pas de façons,
Car c'est un combat pour survivre.

Et tout ce qui pouille,
Chatouille,
Gazouille,
Cela n'a aucune importance,
Cela n'a aucune importance.

Hommage à nos braves ancêtres,
Marins, bûcherons, laboureurs,
Tous ceux qui après la Conquête,
Ont su tenir tête au vainqueur.
Nous sommes de souches françaises,
Tels sont notre âme et notre cœur,
Le resteront vous en déplaise,
Valets et traîtres de malheur.

Et tout ce qui grouille,
Grenouille,
Scribouille,

Cela n'a aucune importance,
Cela n'a aucune importance.

Séparatisme

L'autr' soir je r'gardais la T.V.
Puis un gars est v'nu nous parler
Séparatisme,
Que dans la Confédération
On est traité comme des gnochons,
Et que c'est triste.
Qu'on respecte pas le français
À Ottawa chez les Anglais,
Et puis torvisse,
Qu'ils nous prennent tout's nos richesses,
Et puis qu'ils nous laissent le reste,
Les « sacrifices ».

Il disait qu'y'avait pas d'raisons
Qu'on soit pas maître à la maison
Comme des trappistes,
Qu'on devrait êtr' tous millionnaires
Comme le devenaient naguère
Les duplessistes,
Et que si on se séparait
Les plus caves et les plus niais
S'raient scientistes,
Qu'on pourrait même apprendr' quecqu'chose
À un beignet de Sainte-Rose,
Y'est optimiste.

Le soir en veillant chez Margot,
Je lui en soufflais quelques mots,
Propagandistes.
Hélas elle est un peu bouchée,
On la croirait un député
Ou un ministre.
Par contre elle est toujours d'accord.
« Est pas barrée », ell' marche à mort,
C'est une artiste.

Tout l'quartier connaît ses talents.
Faut avouer qu'elle est pas tout l'temps,
Séparatiste.

Mais même si j'aimais l'idée,
J'étais pas un gros révolté
Lorsque « supplice »,
En allant couper le tabac
En Ontario quecqu'part là-bas,
Un écrivisse,
M'a dit car il se croyait *bright*,
Un bon jour « *why don't you speak white* »,
Ah le « torvisse »!
J'lui ai sacré une volée,
Depuis je suis un enragé,
Séparatiste.

À bas la Confédération
Soyons les maîtres à la maison,
Ti-Jean-Baptiste,
Gardons notre fleuv' pour nous autres,
Pis « coudonc » qu'ils s'en trouvent un autre,
Les orangistes.

Le temps de parler

Ce n'est plus le temps
de se taire,
C'est le temps de parler,
De dire et de redire
Que nous sommes trahis.
Par notre bourgeoisie
Et par nos vieux partis
Nous sommes menacés
De devenir demain
une minorité.
Nous sommes menacés
De n'parler notre langue,
Qu'au sein de nos foyers.
Nous sommes menacés
De devenir chez nous
Bientôt des étrangers,
Tout notre patrimoine
Est vendu à bas prix,
Aux grosses compagnies.
Demain nous n'serons plus
Qu'une race d'esclave,
Sans langue et sans patrie,
Et puis sans liberté.
Et quand nous essaierons
De relever la tête
Ils nous écraseront
À coup de militaires,
Ce n'est plus le temps
de se taire,
C'est le temps de parler,
Le temps de se lever,
Car avant dix ans peut-être,
Nous ne serons plus chez nous.

Patriote

Souvenez-vous, gens du pays
Au temps où ils furent brimés,
Les nôtres prirent le fusil
En refusant de s'incliner.
Un contre cent et mal armés.
Furent pendus ou déportés.

Patriotes! Nous vous saluons
Vous nous avez donné l'honneur,
Tandis que lâches et fripons
Touchaient le salair' de la peur.

Ce fut Saint-Charles, Saint-Denis,
Saint-Eustache et puis La Prairie,
Partout le feu, l'assassinat
Contre ceux du Bas-Canada
À travers tant d'atrocités
Vous bâtissiez nos libertés.

Patriotes! Nous vous saluons!
D'avoir écrit ces jours de gloire!
La liberté a une histoire
Illuminée de tous vos noms.
Patriotes! Nous vous saluons!
Vos gestes sont inspiration
Pour les cœurs nobles d'aujourd'hui
Rêvant encore d'une Patrie.

Pour ne jamais vous oublier
Fêtons la plantation d'un Mai!

Le PQ

Nous étions plusieurs militants
Qui avions à cœur une cause
Qui était notre fortifiant
Aux jours pénibles et moroses.

Nous lui donnâmes notre temps,
Beaucoup d'efforts et d'énergie.
Et ratâmes bien des printemps,
Occupés par mille soucis.

Puis vinrent des hommes savants,
Déguisés en passe-partout,
Et nous crûmes naïvement
Qu'ils sauraient faire mieux que nous.

Mais quand ils furent au pouvoir
Ils ne voulurent plus nous voir,
Et se mirent à trafiquer
Notre idéal et nos idées.

Ils s'entourèrent de barrières
Et s'offrirent de gros salaires,
Ne reconnaissant plus que ceux
Qui savaient patiner comme eux.

Aujourd'hui de notre combat
Nous ne reconnaissons plus rien.
Sommes à nouveau des parias
Trompés par des théoriciens.

Jeunes gens qui avez vingt ans,
Si vous vous faites militants,
Gardez votre cause pour vous
Et méfiez-vous des filous
Qui se disent des spécialistes...
Ils ont toujours fourré Baptiste.

Mon Québec

Les forêts sortent des bois
Et viennent écornifler au ras
Des maisons au bout du comté
Où finiss'nt les ch'mins en gravier.
Parfois on dirait quas'ment
Qu'elles entrent dans les salons
Sous l'allur' d'un gars de vingt ans
Qui sent déjà la boisson.

Les rivièr's traînent des voyages
De gros billots qui vienn'nt de loin
Et quelquefois sur le rivage
Il y en a qui s'arrêtent un brin.
Les amoureux s'assoient dessus,
Se jas'nt en s'grattant les verrues,
Ils ont l'air purs comme des nonnes
Mais ce sont des airs qu'ils se donnent.

Quand ils s'connaissent un peu mieux
Dans un hôtel ratoureux
Ils se louent une chambre à cinq piastres
Et s'aiment à la bonne place.

Le genre de vie qu'ils mènent
C'est le genr' de vie qu'ils aiment.

Près d'une églis' gros' comme Rome,
Il y a des curés tout gênés
Maintenant ils font leur pensum
Après avoir tout commandé.
Ils ont enl'vé leur col romain
Portent des habits ordinaires
Et ont l'air quasiment chrétien
Après avoir frôlé l'enfer.

Près d'un building de vingt étages
Il y a des Anglais bien sages
Qui ont l'air un peu abrutis
Mais qui possèdent le pays.
Leur cerveau tourn' comme une caisse
Et plus ils tournent plus ils engraissent,
C'est un cerveau d'économie
Qui peut manger n'importe qui.

Nous autres qu'on est sans défense
Qu'on r'garde pas à la dépense
Qu'on sait prier mais pas compter
Alors on s'fait toujours fourrer.

Le genre de vie qu'ils mènent
C'est le genre de vie qu'ils aiment.

La langu' nous tourne drôlement
Et ça finit en sacrement
En tabarnacle, en saint-ciboire
En calice et en ostensoir
C'est comme si quand on est né
Le bon Dieu nous avait posé
Une églis' dans le gorgotton
Pour qu'on rest' dans la religion.

Nos mots sont tous décochrissés
C't'un bum qui les a inventés
Ça sonne cru, ça sonne dru.

Ce n'est pas comme à l'institut.
Mais ça fait rien on se comprend
On s'dit nos quatre vérités
L'amour on l'a pas inventé
Et c'est pas lui qui règne en d'dans.

À grands coups de poing sur la gueule
On ne se sent jamais tout seul,
Mais quand vient le jour de Noël
On se donn' des tas de bébelles.

Le genre de vie qu'ils mènent
C'est le genr' de vie qu'ils aiment.
Et pour finir, le cœur m'en vibre,
Vive le Québec Iibre.

Québec mon pays

Quand j'étais en Colombie
En visite chez des amis,
J'voulais ach'ter un cadeau
Pour donner à ma Margot.
J'ai fait l'tour des magasins
Cherchant du phoqu', du castor,
Mais comm' j'parlais canayen
Partout on m'sacrait dehors.

Refrain
C'est alors que j'ai compris
Que c'est Québec qu'est mon pays.

Quand j'étais en Alberta
Où je vendais des sofas,
Je me suis intéressé
Aux Québécois immigrés,
J'ai soupé chez des Bernier
Qui m'ont raconté « cibole »
Que là-bas nos écoliers
Ont pas droit à leurs écoles.

Quand j'tais en Saskatchewan
Où j'bâtissais des caban's
J'ai rencontré une fille
Qui semblait simple et gentille,
Je l'ai am'née à l'hôtel,
J'ai descendu mes bretell's,
Elle est partie en courant,
C'est pas d'même au Lac-Saint-Jean.

Quand j'tais au Manitoba
En « quarante » comme soldat.
Forcément je m'entraînais
Seulement rien qu'en anglais.

Mais le soir à la cantine
Devant une petite bière
Si j'parlais français, câline,
Ça faisait toute une affaire.

Quand j'étais en Ontario
Où je coupais du bouleau,
Je travaillais aussi fort
Que les Anglais, les taboires.
Puis un jour j'ai découvert
Que pour le même travail
Moi on me payait moins cher
Et on m'traitait comme du bétail.

Quand j'suis rev'nu au foyer
J'ai ouvert la radio
J'ai entendu Claude Léveillée
Qui chantait dans un sanglot.
Partout ça parlait français,
Partout le monde était fin,
Personne ne m'insultait.
Maudit que je filais ben.

Le p'tit Québec de mon coeur

Je voudrais qu'il soit beau
Que s'arrêtent les gros mots
Le p'tit Québec de mon cœur.

Je voudrais que tous les gens
Y vivent à l'aise et contents
Le p'tit Québec de mon cœur.

Je voudrais que pour parler
On n'ait plus à s'humilier
Le p'tit Québec de mon cœur.

Je voudrais que nous puissions
Mener dans notre maison
Le p'tit Québec de mon cœur.

Mais pourquoi donc tant de monde
Nous regarde méchamment
Quand nous voulons chasser l'ombre
Et arrêter le tourment.

Je voudrais que mes garçons
Soient fiers de ce qu'ils sont
Le p'tit Québec de mon cœur.

Je voudrais qu'on soit plus
Des parias et des vaincus
Le p'tit Québec de mon cœur.

Je voudrais qu'en Gaspésie
Nous puissions y vivre aussi,
Le p'tit Québec de mon cœur.

Et que s'arrête demain
Le pillage de nos biens
Le p'tit Québec de mon cœur.

Mais pourquoi donc tant de gens
Nous regardent méchamment
Quand nous n'avons qu'un désir
Prendre la roue du navire.

Je voudrais qu'il soit si beau
Que viennent des temps nouveaux
Le p'tit Québec de mon cœur.

La nation

De tous les mensonges qui trompent les hommes, il y en a un qui est parmi les pas pires, et c'est celui de la nation. Tout ce que les hommes vivent sous cette dénomination, c'est le fait de partager un même territoire et une langue commune. Pour le reste, tout n'est que conditionnement et tromperie. Pour cimenter une illusion d'unité, on a créé le drapeau, l'hymne national et enseigné une histoire. Pour ce qui est de la solidarité, de la fraternité, il n'y a que du vide. La nation n'est, dans les faits, que des groupes d'individus qui s'entredéchirent pour des intérêts égoïstes. Si les États veillent sur le bien-être de chacun par des lois concernant l'hospitalisation, le chômage ou le « bien-être social », par contre il n'y a rien de gratuit. Le bon peuple paie pour tout par les impôts. Et lorsque surviennent des conflits entre États, c'est encore le bon peuple qui est appelé à mourir pour la patrie. La nation, telle que nous la connaissons, n'est que mensonge. Elle n'existera que lorsque les hommes vivront d'amour.

LA CRISE D'OCTOBRE

Quand je pense à tous ceux qui sont allés en prison, tous ceux qui ont payé de leur personne pour que ça finisse comme ça... dans les mains de Bernard Landry.

Si moi j'ai pas été arrêté, c'est à cause de Gérard Pelletier. C'est Marchand pis Pelletier qui ont fait la liste des arrestations et Pelletier, que j'avais bien connu du temps de la bohème à Paris, a barré mon nom. C'était un *chum*, un *chum* à Pauline et à Godin aussi, pourtant, il n'a pas barré leur nom.

Ça doit être à cause de *Quand les hommes vivront d'amour*. Mais, moi, j'ai su ça beaucoup plus tard. La veille du décret de la Loi des mesures de guerre, au centre Paul-Sauvé, on a fait un encan chinois pour venir en aide à un parti politique municipal, le FRAP, qui se présentait contre le maire Drapeau. J'étais là avec Pauline Julien, Michel Chartrand et tout le monde et, à un moment donné, un gars est arrivé et nous a dit : « L'armée entoure le centre Paul-Sauvé. » On regardait par les fenêtres et on ne voyait rien. Y'avait pas d'armée là. Je suis rentré chez nous tard dans la nuit et, en arrivant, j'ai ouvert la télé. Bernard Derome annonçait qu'on était en train de voter la loi des mesures de guerre à Ottawa. Peu après, il annonça que les mesures de guerre étaient votées.

Vers neuf heures le matin, quand je me suis levé, j'ai téléphoné à la CSN et j'ai demandé : « Qu'est-ce qu'on fait? » On m'a répondu : « Va-t-en câlisse. Ils arrêtent tout le monde. » Je n'ai jamais su qui m'avait dit ça. J'ai fait ma petite valise et je suis parti chez Henri Deyglun à Saint-Sauveur. Finalement, ils ne sont jamais venus chez moi. Quand j'ai ouvert ma boîte dans le Vieux-Montréal, en 1972, un soir, j'étais au bar, vers deux heures du matin et un gars est venu me dire : « Tu ne sais pas qui je suis, mais je vais te dire une affaire, si t'as pas été arrêté c'est parce que c'est Gérard Pelletier qui avait barré ton nom sur la liste ». Il est reparti comme il était venu et je n'ai jamais su qui c'était non plus, probablement un policier...

Les soldats

Ça fait que…
Lorsque les enlèv'ments ont eu lieu,
Et que monsieur Trudeau a déclaré :
« Demain ce sera peut-être un ouvrier,
un enfant… un gérant de caisse populaire…
Un distributeur de Pepsi… »
Mon père a eu peur.
Y'a téléphoné pour avoir des soldats.
Le gars lui a demandé :
« Combien vous gagnez par année? »
5 000 piastres qu'a dit mon père.
Ça fait que le gars a ri.
« 5 000 piastres!
Mon pauvre ami...
On garde personne en bas de
50 000 piastres.
On protège le peuple.
5 000 piastres! »

Vous avez pas besoin d'avoir peur.
Y'a personne qui vous "aguit". »
Comment y'a personne qui "m'aguit". »
Mon père était vexé.
« Vous apprendrez, monsieur, que je suis
"aguis" autant que n'importe quel enfant de chienne. »
« Savez-vous ce que je fais moi, monsieur…
Je suis huissier…
Oui, monsieur : huissier.
Et je fréquente tout ce qu'il y a
de plus écœurant dans cette maudite province.

Si je vous disais que je suis
très bien vu par le président
de la Big Knife Acceptance Corporation.
Et que le président de la Laurentide tout nu dans la rue…

Est un de mes amis.
Je suis pas assez enfant de chienne à votre goût. »

Il y allait le bonhomme.
C'est pas tous les jours qu'on peut se vanter.

« Je vais vous dire une affaire…
Je connais même un juge. »

« Vous connaissez un juge? »
« Oui, monsieur. »
« Bougez pas, on vous envoie deux soldats tout de suite. »

Quand les soldats sont arrivés
Ç'a fait tout un émoi dans la rue.
« Les Lemay se font garder
Y'a des soldats chez les Lemay. »

On est devenu… comme on dirait…
Les *big shots* de la rue.
Y'a quelques voisins qui ont essayé de faire pareil…
mais ça pas marché.
Comme on dirait : y'avait pas de dossier à présenter.

Y'en a un qui a dit :
« Mon cousin travaille à Radio-Canada. »

Voyons donc!
On envoie pas deux soldats pour un cousin à Radio-
Canada.
Tout au plus… on envoie deux internes de Saint-Jean-de-
Dieu.

Alors comme je vous disais,
on est devenu populaire dans le quartier.
Sur le coup… tout le monde voulait venir coucher chez
nous.

Tout le monde avait peur.
Ils se sentaient tous coupables de quelque chose.
« Voyons donc, monsieur Jolicoeur.
Vous avez rien à vous reprocher. »
— Si je vous disais que j'ai déjà serré la main de Maurice
Duplessis.
— Ouais…
— Oùi monsieur. Même qu'il m'avait donné une cenne en
me disant : tu vois, ça, ça représente une tonne de minerai
que les Américains viennent chercher dans le Grand Nord.
— Enfin, c'est vieux tout ça. Les jeunes du FLQ peuvent
pas être au courant. »

Un autre... c'est parce qu'il savait l'anglais...
Un autre c'est parce qu'il avait un set de salon style colonial.
Même que monsieur Labrise qui tremblait comme une
feuille...
nous a avoué que son père était curé.

En tous les cas, ça shakait dans la rue.
Les dentiers se décrochaient pis les caleçons glissaient.

Ça fait que mon père a décidé d'ouvrir le divan dans le
salon
et d'en héberger un chaque soir.

Pendant ce temps-là, les soldats étaient devant la porte,
la mitraillette à la main,
pis les enfants autour qui les achalaient.

Mon Dieu qu'ils sont donc patients les soldats.
Puis doux.
Tellement doux que pour les faire choquer...
Ils sont obligés de leur faire manger de la marde
Pis de leur donner les ordres en anglais.

Ça fait que les enfants étaient autour
et leur criaient :
right turn... left turn...
toute la journée.
Les gars étaient fatigués.
Même qu'un moment donné
y'a un sergent qui est arrivé et qui a dit :
« Attention ».
Les soldats ont pensé que c'était les enfants…
puis lui ont donné un suçon pour qu'il reste tranquille.

À part de ça... les photos.
Tout le monde voulait se faire
photographier avec eux autres.
Je les ai vues, les photos.
Pauvres yables.

Un enfant sur les épaules...
Un bébé dans chaque bras.
Ou bien : un bébé sur les épaules...
un chat dans chaque bras.
Ou bien : un chat sur les épaules...
un chien dans chaque bras.
Ou bien : un chien sur les épaules…
une femme dans chaque bras.
Ou bien : une femme sur les épaules...
pis une claque sur la gueule.

Mais la pire des photos
c'est quand on voit un soldat photographié avec la petite
Morin.
Parce que de la façon que la mitraillette est placée...
ça donne une drôle d'impression.
On dirait... en tous les cas!

Quand six heures du soir arrivaient...,
c'était l'heure du chiffre de nuit.

Là les deux soldats du jour s'en allaient...
Et étaient remplacés par deux soldats de la nuit.

Les soldats du jour pis les soldats de la nuit...
c'est pas pareil.
Les soldats de la nuit... c'est plus cher...
parce que c'est plus rare...
Ça prend des lumières.

Ça fait que les soldats... la nuit...
ils marchaient... marchaient.
Mais la nuit y'a pas rien que les soldats qui marchent.
Y'a bien des affaires qui marchent la nuit.

Alors... il paraît qu'il y a des filles...
qui ouvraient la porte...
avec dans la main... un gâteau...
une tarte aux cerises...

« Voulez-vous un petit morceau de tarte? »
Ça fait que le soldat... naïf...
avançait pour prendre la tarte.
La fille reculait.
Il avançait encore... elle reculait.

Là y'était rendu dans la maison.
Après il longeait le passage...
la cuisine
Pis tout à coup il était dans la chambre à coucher.

Là la fille lui disait :
« Comme vous avez des beaux grands yeux.
— C'est pour mieux voir l'ennemi.
— Comme vous avez des belles grandes oreilles.
— C'est pour mieux entendre l'ennemi.
— Comme vous avez des belles grandes dents.
— C'est pour mieux manger l'ennemi. »

Et là... il mangeait sa tarte.
Niaiseux! Niaiseux!

Alors, la jeune fille continuait :
« Comme vous avez des beaux grands pieds... des belles grandes mains... »

En tous les cas, c'était toutes des belles grandes affaires.
Mais c'était jamais pour elle.
Tout pour l'ennemi.

Tout à coup on entendait une voix :
— Martine... qui c'est qu'est dans ta chambre?
— Un soldat maman.
— Ouais... ben... fatigue-le pas trop.
— Y'a pas l'air à vouloir maman.
— Dis-lui de se mettre à l'attention... Tu vas voir. »

En tous les cas... le temps passa...
puis un après-midi y'a un petit gars qui est arrivé en criant :
« Y'a un gars du FLQ qui s'en vient. »
Les soldats ont crinqué leurs mitraillettes.
Et effectivement y'est arrivé un beau grand jeune homme...
Tête sympathique...
Regard intelligent...
Des belles joues roses.

Les soldats lui ont demandé :
« Es-tu un gars du FLQ? »
Il a dit : « oui. »
« Qu'est-ce que tu veux? »
« Je vends des abonnements du *Devoir* pour ramasser des fonds. »

Et là ils ont commencé à jaser.
Le gars du FLQ parlait...

Les soldats écoutaient.
Tout à coup ils se sont mis à rire.
Tapes dans le dos...
accolades.
Les soldats ont sacré leurs mitraillettes là
pis ils sont partis avec le gars.

« Vous oubliez vos mitraillettes »
qu'on a dit.
« Ça fait rien, qu'a dit le gars du FLQ,
on en a d'autres à la maison. »

En tous les cas, ils sont partis...
et savez-vous ce qu'ils ont fait?
Eh bien paraît... paraît... qu'ils ont fait la bombe.

LE RÉFÉRENDUM

Lévesque, y'en voulait pas du référendum. Ça lui a été imposé par le parti. Il n'aimait pas ça, lui, le référendum. Pis ça a été mal fait, il a perdu quatre ans. Le référendum, trente-cinq jours. Ha! c'est pas en trente-cinq jours qu'on peut convaincre les gens. Il aurait dû travailler ça dans les années précédentes, mais au lieu de ça, il a tout ramassé ça dans trente-cinq jours, dans un paquet, ça fait qu'on l'a eu dans l'cul. Quoisse tu veux…

C'est lui qui a coulé la cause de l'indépendance, pas Parizeau. C'est un drame Parizeau. C'est encore Landry, ça. Le coup de couteau dans le dos tout de suite, mal pris, moi chu là, ben il a fait ça à Parizeau aussi. C'est écœurant. Quand Parizeau a parlé du vote des émigrés pis de l'argent, après le référendum, ç'a fait un scandale. Pis là, Landry a profité de l'éclatement du parti pour dire à Parizeau : « Il faut que tu t'en ailles. » Puis, il a pris sa place. Pauvre Parizeau. Ça me fait de la peine. Dix ans plus tard, en 2005, tout le monde a dit : « Parizeau avait raison. C'était vrai, ce qu'il a dit. » Certain, qu'il avait raison. Parizeau maintenant, y s'est acheté un vignoble. Il a le vin à la maison. Il est malheureux cet homme-là. C'était le seul premier ministre qu'on avait Parizeau,. Landry, c'est une lavette. Il n'a jamais fait un discours. L'as-tu déjà vu faire un discours, soulever une foule. Il disait : « Écoutez, le référendum, on va voir. Peut-être que oui, peut-être que non. » C'était tout. C'était ça sa politique. Y'a jamais été capable. Ces gars-là, ce sont des hauts fonctionnaires, pas des chefs. Boisclair, j'ai regardé ses interviews, il en a fait beaucoup dernièrement, avec la gaffe qu'il a faite. C'est pas pire ce qu'il dit. Il peut redorer son blason. C'est possible ça. En politique, c'est comme ça. Y'en a qui étaient à terre et qui sont remontés. Il a l'air d'un dandy, un petit bourgeois. Le peuple ne se reconnaît pas en lui. Il faut que les gens se reconnaissent. Pis Charest, c'est pas mieux. On devrait tout arrêter ça, pis se laisser gouverner par les syndicats, un coup parti.

Claude Morin est un agent double. En 1962, Lesage avait lancé une campagne d'argent pis il y avait eu une émission à Radio-Canada. Lesage était là. À l'automne, à Dorval, ils ont offert un cocktail, dans un hôtel, et monsieur Lesage était là. Il était gommé un peu. Il buvait pas mal. C'est d'ailleurs ça qui l'a tué. Il a perdu le respect de son équipe à cause de ses problèmes de boisson. Tout le monde essayait bien de cacher ça, mais dans le parti il était contesté.

Une fois, dans une réunion, pendant un discours enflammé, il y a un gars qui a osé contester Lesage. Il a enlevé son *coat*, pis y voulait se battre devant tous les autres. Te rends-tu compte? La boisson.

Quand je l'ai rencontré, en 1962, au cocktail, dans cet hôtel de Dorval, il était gommé pis moi, je m'approche et je lui dis : « Monsieur Lesage, qu'est-ce que vous pensez du séparatisme? » Il est devenu bleu, blanc, rouge. La France. Il était en hostie. Ça fait que sa femme l'a calmé et m'a dit : « Si vous voulez savoir ce qu'il pense du séparatisme, demandez à ce monsieur, là. » Et ce monsieur, c'était… Claude Morin.

Il m'a tenu un grand discours comme quoi l'indépendance pis ci pis ça, c'était prophétique, pis machin. Pis, en 1970, j'habitais dans Montréal-Nord, pis y'avait l'école Saint-Maxime pas loin. Le Parti québécois a fait un congrès à cette école-là. J'y avais été, pis à un moment donné, quoissé que j'vois t'y pas arriver sur la scène? Claude Morin… Les deux bras m'en sont tombés. Claude Morin. Y'était arrivé là. Y'était rendu dans le Parti québécois. C'est lui qui a fourré toute l'affaire. D'abord, l'étapisme, ça arrangeait Lévesque, parce que c'était un chieux, Lévesque, y'avait peur. C'était un indécis. Alors, ça l'arrangeait l'étapisme. Ouais! C'est bon, tranquillement pas vite… l'étapisme…

Pis le référendum. Deux questions! C'est mal connaître les gens. Une gang de bourgeois, des intellectuels. C'est Morin qui a fait ça. Une grande question longue de même. Les gens n'ont rien compris. Remarque que ç'a peut-être été voulu par lui, ça.

Lesage y prenait un coup. Quand la reine Élizabeth est venue, en 1964, il a fait un discours. Il shakait comme ça. Alors, les gens ont dit : « Il était nerveux. » Y'était pas nerveux. Le shake du matin…

Lévesque faisait une vie de fou. Quand t'es le chef d'une cause, quand t'as tout un peuple qui suit, tu te dois d'avoir une vie un peu sérieuse. Une fois, Ryan m'a dit : « Lévesque n'avait aucune discipline. » Il faisait une vie de fou. Il se couchait tard. Il mangeait mal. Il buvait un peu et couraillait les femmes. Alors, il était souvent pas en très grande forme. Ça n'avait pas de sens. Une fois, chu aller à la salle à manger au Parlement, pis je l'ai vu. Il était magané. Je n'avais jamais vu un gars magané comme ça. Moi, dans mes pires brosses, j'étais pas magané de même. J'étais magané, mais comme lui, c'était pas possible. Je me suis dit : « Il va mourir aujourd'hui. » Ç'a pas de sens comment il menait ça tout croche. C'était un indécis. J'ai écrit un livre qui s'intitule : *C'est à ton tour, René, mon cher* dont le premier texte se lit comme suit :

Lettre à monsieur Lévesque

Pourtant nous vous demandions pas
de faire l'indépendance sur le champ.
On savait bien que ce genre de chose ce n'est pas facile.
Mais au moins on s'attendait à ce que vous en parliez…
la prépariez… auriez une continuité de pensée et d'action.
Vous aviez, prêt à vous aider, des milliers de militants,
Qui n'attendaient qu'un signe pour continuer à répandre la
bonne parole.
Au lieu de cela, vous les avez laissé tomber…
se démobiliser… se décourager.
Et en retour de leurs services passés,
de leur bonne volonté,
Ils ne rencontrèrent que rejet et portes fermées…
comme s'ils dérangeaient par leur sincérité.
Vous n'avez même pas su avoir une politique cohérente
vis-à-vis le fédéral,
Allant vous essouffler dans des conférences inutiles.
Et ce référendum… reculé à la limite

et préparé en catastrophe.
Et cet état d'esprit nouveau
que nous attendions de ces fameux « intellectuels »
qui se sont avérés des petits arrivistes... carriéristes…
comme les grands hommes ordinaires.
La devise du Québec ne sera plus « Je me souviens »…
mais « On va s'en souvenir ».

Pour en revenir à Claude Morin, on n'a jamais vraiment su son jeu. En tout cas, c'est lui qui a écrit les questions pour le référendum comme s'il avait voulu qu'on ne gagne pas. Il aurait dû poser une question simple. Il a mis deux questions. « Nous donnez-vous la permission d'aller négocier à Ottawa? » Deuxième question : « Est-ce que vous nous donnez le droit de faire un référendum? » La peur... toujours la peur... S'il n'était pas espion, c'est quand même bizarre, qu'il était payé... S'il recevait une paye, c'était pour quelque chose...

L'ÉGLISE

C'est après bien des discussions qu'ils ont décidé que le Christ était le fils de Dieu, qu'il y avait trois personnes en Dieu, pis toute la patente. Il y avait déjà des évêques dans ce temps-là. Ça fait que ça n'a pas été long que le *racket* s'est organisé. Y'a eu des grosses chicanes. À Alexandrie, y'avait un évêque, je ne me souviens plus de son nom, mais il y a eu des massacres dans les rues. Les gens s'entretuaient. C'est écœurant.

Ils ont fait de l'Église une institution profitable. Ils se sont attachés au côté magique de l'enseignement, c'est-à-dire la résurrection, la vie éternelle, le paradis, le jugement dernier, tout ça. Mais pour changer le monde, eux autres ont dit : « On s'occupe pas de ça, nous autres, on s'occupe de l'autre vie. Cette vie-ci, on la laisse aux civils ». Tandis que c'était leur devoir, justement, de travailler à changer les choses. Ils n'ont rien fait de ça. Ils ont préféré faire peur au monde avec le péché. Ç'a pas donné grand-chose. Ils auraient dû prendre position contre la guerre. Ç'aurait été la moindre des choses. La base aurait été de dire que c'était inhumain, immoral d'aller dans l'armée. Ils auraient dû dénoncer l'exploitation des hommes par le travail, dénoncer les marchands qui, depuis, se sont emparés du monde.

Ce n'est pas normal d'avoir à gagner nos vies parce que tout est à vendre. Si t'as pas une piastre dans ta poche, tu ne vis plus, tu n'existes plus. Tout est à vendre. Alors, les gens sont en état d'esclavage. C'est moins pire qu'avant. Il n'y a plus de galères, mais elles ont pris une autre forme. Les hommes seront toujours des esclaves tant qu'ils travailleront pour un salaire. Il faut se nourrir, se vêtir, se loger, répondre aux normes minimales, tout est à vendre. Ceux qui en ont moins en arrachent et ceux qui en ont plus vivent mieux. Mais la base de l'enseignement, ce n'était pas cela, c'était le partage. Un monde fraternel, l'Église c'est dans ce sens-là qu'elle aurait dû travailler.

Quand on pense que le pape est allé donner sa bénédiction à Hitler. L'Allemagne était très catholique, alors le pape est allé le rencontrer pour l'appuyer. Ils n'ont jamais pris position contre l'argent, les intérêts, l'exploitation. Ils ont fait des encycliques sur toutes sortes de sujets, mais n'en ont jamais fait une sur la guerre. Quand ils disent que l'autorité vient de Dieu, pis quand on voit tous les bandits qui ont pris le pouvoir avec Staline, Hitler, Franco pis Mussolini, pis avant c'était pas mieux. Ça me fait toujours rire ça, l'autorité vient de Dieu…

Dans les églises ici, il n'y a pas si longtemps, on ne parlait que du péché pis de la quête. À la fin du sermon, le curé n'oubliait jamais de parler de la quête. Donnez-en de l'argent, pis y'engueulait le monde. Je me rappelle que Guy Mauffette m'avait amené à la messe à Dorion, j'avais été complètement scandalisé. Le curé avait engueulé le monde pour une question de trente sous… pour de l'argent. Ils parlaient seulement de ça, l'argent… pis du péché… Comme si ça allait de pair. Les gens avaient tellement peur de l'enfer qu'ils donnaient tant qu'ils pouvaient. Les flammes éternelles.

Ils ont passé à côté de l'essentiel en s'accotant avec les puissants. Les rois, le pouvoir, la richesse et ils asservissaient les peuples. Déjà que les peuples étaient asservis par les marchands, par les possédants, ils avaient la religion par-dessus le marché pour les asservir encore plus, les contrôler, les garder dans leur carcan d'ignorants exploités. Ils leur faisaient accepter leur condition en leur disant que c'était la volonté de Dieu et que, bientôt, ils verraient le paradis.

Au Moyen Âge, les gens mangeaient de la misère en maudit, pis les curés y'ont toujours vécu mieux que les autres. Dans tous les pays, ils se sont fait haïr. Au Québec, en Italie, en France, ils ont réussi à se faire haïr partout à cause de leur trop grande influence sur le peuple vis-à-vis le pouvoir en place.

À l'église Saint-Sulpice, à Paris, il y a une plaque à la mémoire des moines qui ont été massacrés à la Révolution. Ils n'étaient pas aimés. Ici non plus. Dans les campagnes, il y avait partout des gros presbytères avec des chambres d'invités et les gens autour en arrachaient.

Une fois, je suis allé à Montréal dans un presbytère où on tournait un film. Dans la cuisine, ça brillait, pis dans le salon, tout était parfait. La belle vie.

Dans ce temps-là, monseigneur Turcotte était curé sur le boulevard Saint-Joseph, pis j'avais une blonde qui habitait dans ce coin-là, un peu en biais avec l'église. Un jour, je le rencontre et il me dit : « Je vous voyais souvent sur le boulevard Saint-Joseph. Qu'est-ce que vous faisiez là? » Questionneux…

Les églises se sont vidées. Il faut comprendre que les gens se sont tannés de se faire engueuler tout le temps, de se faire insulter, sans parler de toutes sortes d'obligations, les vêpres, les parades, pis tout le reste.

De l'Église

Alors, sale curé, tu es content? Deux mille ans bientôt. Deux mille ans de trahison, de compromission avec les régimes les plus pourris, les plus sanguinaires. Deux mille ans à soumettre les hommes à leur sort, les accablant de cent sortes de péchés, les terrorisant, les culpabilisant. Pire encore! tu les as laissés se faire embrigader pour la guerre en les bénissant quand il a été écrit : « Tu ne tueras point. » Alors, tu ne savais pas lire, le curé? Est-ce que tu étais sourd? Sous prétexte de ne pas te mêler de la chose politique, tu as trahi la Parole. C'était plus facile de te mêler du cul que des armes. Alors là, pour la couchette, tu as mis le paquet. Tu en as fait le plus grand péché quand la sexualité, l'orgasme sont quelque chose de normal, sans importance. Le sang, les cadavres éventrés, toutes ces tueries à coups de sabre, de baïonnette, de fusil, de mitrailleuse, de canon, il était là, le vrai péché. Qu'en as-tu dit? Rien. Ou si peu. Quelques mots murmurés du bout des lèvres, à peine perceptibles. Mais pour la couchette, attention! Satan était dans chaque lit, chaque culotte. Et ces petits enfants innocents qui avaient le malheur de naître hors des normes établies, ils étaient tout de suite stigmatisés, condamnés : « bâtards ». Marqués pour la vie d'une tache indélébile. Lorsque l'on sait que la naissance est le plus grand miracle de la Création, que chaque enfant est divin. Tu es un salaud, le curé. Sans amour, sans miséricorde. Et tes bûchers! Parlons-en de tes bûchers. Et la torture. L'Inquisition. Et Simon de Monfort massacrant les Albigeois. Et lescroisades. Tes croisés, du sang jusqu'aux genoux dans les temples de Jérusalem. Trois cent mille personnes égorgées. Et toutes ces guerres de religion. Paris. Des cadavres plein la Seine. Tout ça au nom du Christ. Tu es un bandit, le curé, un assassin. Et je ne te souhaite pas le Jugement dernier, car toi et tes papes serez les premiers à plonger dans les flammes éternelles.

Le cœur du bon Dieu

Le cœur du bon Dieu est si grand
Qu'il contient tout's les peines du monde,
Le cœur du bon Dieu est si grand,
Qu'il recouvre la terre comme une ombre,
Pour consoler les pauvres gens,
Pour consoler les p'tits enfants,
Les p'tits enfants dans leur chagrin
Les pauvres gens sans lendemain.

Le cœur du bon Dieu est si bon
Qu'il pardonne toujours nos folies,
Le cœur du bon Dieu est si bon
Qu'il nous a tout donné dans la vie,
La lune pour nous enchanter
Le soleil pour nous réchauffer
Les oiseaux pour nous égayer
Et la nuit pour nous reposer.

Le cœur du bon Dieu est si beau
Qu'il a mêm' le reflet des étoiles,
Le cœur du bon Dieu est si beau,
Qu'il a même la blancheur des voiles,
L'éclat du soleil en été
Ne peut égaler sa beauté,
Le charme du vent dans le bois
N'a pas la douceur de sa voix.

Le cœur du bon Dieu est si doux
Qu'il ne se met jamais en colère,
Le cœur du bon Dieu est si doux
Qu'il ressemble à celui d'une mère,
Voyez toujours il nous sourit,
Voyez toujours il nous dit Oui.
Le cœur du bon Dieu est si doux,
Le cœur du bon Dieu est partout. *(Bis)*

Le Christ

Le Christ,
C'était mon frère.
Il était bon,
Il était doux.
Il n'a voulu
Que nous aider
À devenir meilleurs
Et à être heureux.

Le Christ,
C'était mon frère.
Il a voulu
Donner aux malheureux
Un espoir
Pour que leur fardeau
Soit moins lourd
Et qu'ils puissent voir le soleil.

Le Christ,
C'était mon frère.
Il est venu
Répandre la lumière,
Et la justice.
Car y a que par l'amour
Et la fraternité
Que le monde peut devenir beau.

Le Christ,
C'était mon frère.
Personne ne l'a compris
Et, encore aujourd'hui,
On se glorifie de lui;
Mais les gens se tuent,
Se volent et se haïssent,
Car ils n'ont pas saisi

Que c'est par le geste
Qu'est le salut,
Non simplement la prière.
Le Christ,
C'était mon frère.

La Providence

Y a des amis qui sont menteurs,
Mais qui savent si bien mentir
Que l'on a presque du plaisir
À les revoir et les haïr.
Ce sont de si bons raconteurs
Que l'on en vient à préférer
Se faire voler ou berner
Par eux que par un étranger.

Y a des amis qui sont parleurs.
Mais ne savent que parler d'eux
Qu'ils en deviennent ennuyeux
Avec tous les ennuis des cieux.
Quoique devant tant de malheurs,
On finit par les apprécier,
En découvrant tout étonnés
Que le destin nous a gâtés.

Il y a des amis qui s'invitent,
Mais qui ne savent pas partir,
À qui il faut faire sentir
Que c'est l'heure d'aller dormir.
Mais ils s'accrochent à leur visite
Comme un raté à sa mémoire,
Et ne cesseront leurs histoires
Que lorsqu'il n'y aura plus à boire.

Il y a des amis violents
Qui en veulent à tout le monde,
Qui sont à eux seuls une bombe
Qui ferait bien une hécatombe,
S'ils explosaient subitement.
Mais il faut pas être nerveux,
Car si les mots viennent nombreux
Le courage est plutôt peureux.

De tous ces amis que la vie
Nous fait rencontrer en chemin
Au hasard d'un joyeux festin
Ou d'un voyage en nœuds marins,
Y'en a aucun, je vous le dis,
À qui on peut faire confiance,
Et lorsque viendra la malchance
Vous n'aurez que la Providence.

Toute la foi du monde

Quand bien même
Vous auriez toute la foi
Du monde,
Si vous croyez à la guerre...
Quand bien même
Vous auriez toute la foi
Du monde,
Si vous êtes malhonnête...
Quand bien même
Vous auriez toute la foi
Du monde,
Si vous êtes violent...
Quand bien même
Vous auriez toute la foi
Du monde
Si vous détruisez la nature...
Quand bien même
Vous auriez toute la foi
Du monde,
Si vous n'avez pas la charité...
Quand bien même
Vous auriez toute la foi
Du monde,
Si vous ne savez pas partager...
Quand bien même
Vous auriez toute la foi
Du monde,
Si vous n'avez pas d'amour...
Quand bien même
Vous auriez toute la foi
Du monde,
Tout cela est perdu.

Le message

Ce que le Christ a voulu
Ce ne sont pas des banques,
Ni le profit;
Ni ces immenses entreprises
Qui enchaînent les hommes
Ni ce travail stupide et régulier
Qui brise la vie
Ni cet argent qui nous sépare
Et empêche tout ;
Ni ces États puissants qui n'ont
Ni âme, ni conscience
Ni ces militaires sûrs de leur
Bon droit,
Trop obéissants.
Ce que le Christ a voulu,
C'est quelque chose de beau.
Où il y aurait de l'amitié,
Du partage et de la bonté.

La prière

Celui qui n'a jamais eu
Besoin de la prière
Ne peut rien comprendre
Du drame des hommes,
Celui qui n'a jamais été
Victime
De sa propre folie
Ne peut rien comprendre
Du drame des hommes.
Celui qui ne s'est jamais
Cogné
La tête contre les murs
Ne peut rien comprendre
Du drame des hommes.
Celui qui n'a jamais
Été battu,
Méprisé, enfermé,
Ne peut rien comprendre
Du drame des hommes.
Celui qui n'a jamais
Tout perdu
Ne peut rien comprendre
Du drame des hommes.
Celui qui n'a jamais crié
Vers Dieu
Ne peut rien comprendre
Du drame des hommes.

La vraie foi

La vraie foi,
C'est de dénoncer l'injustice,
Les crimes contre la vie.
L'espoir n'existe pas
Là où il n'y a que l'attente.
La vraie foi,
C'est de prendre conscience
Que, sans action,
Sans participation,
L'espoir est mort.
Rien ne viendra seul.
Il n'y aura plus de miracle.
À chacun de nous de rendre
Le monde meilleur.

L'enfer

L'enfer c'est mathématique
Quand on en sait le secret
L'enfer c'est mathématique
Et ça ne rate jamais.
Il y a diverses recettes
C'est selon les tempéraments,
Et pour autant, autant de têtes
Il y a autant de satans.

L'enfer c'est mathématique
Précis comme une addition
L'enfer c'est mathématique
Et de toutes proportions.
Du whisky ou bien du champagne,
Tous les jours et toute l'année
Marihuana et ses compagnes,
Un enfer vient de s'allumer.

L'enfer c'est mathématique
Quand on en sait le secret,
L'enfer c'est mathématique
Et ça ne rate jamais.
Beaucoup d'argent dans les affaires
Deux voitures aussi deux maisons,
Le soleil brille à la fenêtre
Mais c'est l'enfer de l'ambition.

L'enfer c'est mathématique
Comme une oeuvre de piano,
L'enfer c'est mathématique
Il y en a plus qu'il en faut.
Un peuple riche, un peuple pauvre,
Un ventre plein, l'autre en gruyère,
L'indifférence pour les autres
C'est la révolte, c'est la guerre.

L'enfer c'est mathématique
Quand on en sait le secret,
L'enfer c'est mathématique
Et ça ne rate jamais.
Chacun de nous porte en son âme,
Et ses faiblesses et ses erreurs,
Chaque jour cultive la flamme
De son enfer, de son bonheur.

L'enfer c'est mathématique
Avec ou sans religion,
L'enfer c'est mathématique
Faut faire bien attention.

LES CONVICTIONS

Il faut croire en quelque chose. Ce n'est pas nécessaire d'avoir des convictions, mais c'est bien. C'est mieux d'en avoir que de s'en aller la tête vide.

Quand on a des convictions, on a souvent des déceptions. Moi, je suis indépendantiste depuis 1960, au temps du RIN, quand on était à peu près cinquante membres. C'est Guy Sanche, Bobino, qui m'a amené au RIN. Je revenais d'Europe et, quand j'étais parti d'ici, au début des années cinquante, je ne connaissais rien. J'étais allé à Québec parce que j'avais une tante, c'est tout. C'est Sanche qui m'a conscientisé à ça et, là, je suis entré dans le RIN. J'ai commencé à faire des spectacles pour eux autres partout.

Qu'est-ce que ça a donné, pendant quarante ans, de militer, d'y croire, de poser des bombes, de faire de la prison, ça a donné quoi tous ces combats? Ça a donné Bernard Landry, puis André Boisclair, une faillite totale.

Même chose pour les syndicats. Quand j'étais jeune, j'écoutais Michel Chartrand parler de justice sociale et je croyais que le mouvement syndical allait nous amener là. Pantoute! Y s'en foutent de la justice sociale, comme de la chienne à leur grand-mère. Eux autres, c'est leur convention, leur paye, point final. Le reste du pays, y s'en foutent, pis y en savent rien. Pis l'idéal de Michel Chartrand, à partir de 1970, ça s'est perdu. C'est devenu une machine à piastres. Il a bien vu que ça s'en allait par là, mais il n'a pu rien faire. Moi, je dénonce les syndicats dans les journaux.

Je l'ai dit dans une entrevue à Michaëlle Jean, à Radio-Canada, et le lendemain, dans la presse, un journaliste écrivait : « Quelle déception! Un homme qui nous a donné une chanson comme *Quand les hommes vivront d'amour* nous donne l'image d'un révolté et dénonce autant. » Après ça, dans *Le Devoir* et *La Presse*, ils n'ont plus jamais passé une lettre de moi. Ça a été final, final. Avant, ils en publiaient, mais après cette affaire-là, ça a été fini.

J'ai osé dire aussi, lors de cette entrevue, qu'on s'était fait voler le référendum. Le lendemain, j'arrive chez mon dépanneur, un Chinois, avec ma photo en première page, tout en chinois. Une autre fois, je suis allé à la Montagne avec mes enfants. Le dimanche, il y a plein de monde et il y avait des gens qui marchaient et me regardaient d'un air louche, comme si j'étais un traître parce que je n'ai jamais dérogé de mes convictions depuis quarante ans. J'aurais pu me faire tuer je pense, je sais pas.

Ils disent : « au nom de la démocratie », mais quand on ose prendre position, on se fait tasser. Elle est où la vraie démocratie. Je la cherche encore.

L'indépendance, c'est toujours pertinent. Plus que jamais, ce serait important qu'on ait notre propre pays parce qu'on est chez nous. C'est normal qu'on gère nos affaires. Le gouvernement fédéral a toujours été anti-Québécois.

On a toujours été desservi par la confédération et les Anglais sont racistes envers les Québécois. C'est pourquoi on veut notre propre pays. C'est la moindre des choses. On va l'avoir, mais peut-être pas de la façon dont on l'imagine. Pas tellement à cause du référendum, mais parce qu'ils sont tellement imbéciles à Ottawa qu'ils vont finir par couler le pays au complet. Faut pas oublier qu'en Colombie-Britannique pis en Alberta, y sont écœurés eux autres aussi du Canada. Le Nouveau-Brunswick pis Terre-Neuve pareil, c'est juste l'Ontario qui reçoit tout. Alors, ça va s'effriter tranquillement, surtout avec des épais comme Harper.

C'est comme Dion. Encore un autre serviteur, comme Chrétien, Trudeau. Ce sont des anti-Québécois. Je ne sais pas ce qui va arriver aux élections. On en vient à ne plus savoir pour qui voter et on se rabat sur le moins mauvais. C'est triste d'en être rendu là.

C'est comme pour le Prix du Gouverneur général. J'avais d'abord accepté sans trop réfléchir et, après, des gens m'ont appelé pour me dire : « Raymond, tu n'as pas le droit d'aller t'incliner devant la gouverneure générale, pour aller chercher un prix. Tu humilies le pays. » Ça fait que j'ai réfléchi et me suis dit que c'était vrai.

Alors, quand j'ai téléphoné à la femme qui s'occupait de cela, elle m'a fait répéter quatorze fois. « Qu'est-ce que vous dites? » « Je dis que je refuse le prix. » « Quoi? » « Je refuse le prix. » « Quoi? Mais, voyons, ce n'est pas possible. » « Ben oui, je refuse le prix. » « Bon… »

Par la suite, j'ai compris que je n'avais pas réfléchi suffisamment. Je n'avais pas envisagé toute la portée de ce prix-là. Je ne pensais pas que c'était aussi important que ça, le Prix du Gouverneur général. Je pensais que ce n'était pas grave. Quand on m'a expliqué, j'ai compris et téléphoné pour refuser sans penser que ça ferait un barda comme ça. J'ai fait la première page du *Globe and Mail*, c'est tout dire.

Ça a parlé partout. Sur Internet. Je me suis fait insulter. On n'en meurt pas. Ça m'atteint pas ça, moi. Le plus drôle, et c'est là qu'on voit comment les gens sont attachés à l'argent, en refusant le prix, je perdais quinze mille piastres. Mais moi, je m'en crissais comme la chienne de ma grand-mère. Quinze mille piastres! Je m'en fous royalement, mais les gens ont dit : « Y perd quinze mille piastres. » Ça fait que là, Caroline Saint-Hilaire pis le président de la Société Saint-Jean-Baptiste ont fait une collecte pour compenser. Les gens ont donné de partout. On m'a envoyé la liste et ils ont ramassé quarante-deux mille piastres.

Comme quoi, qu'on le veuille ou non, tôt ou tard, quand on s'en tient à ses convictions, ça finit par être payant.

Ce qui nous sépare

En somme...
Y a pas tellement de choses qui nous séparent.
Des pessimistes vous diront
Les hommes s'entendront jamais
Y a plus d'espoir
C'est pas grave.
CE N'EST PAS GRAVE.
Car en somme...
Y a pas tellement de choses qui nous séparent.
Le patriotisme.
Naturellement, le patriotisme...
Y a quelquefois des petits accrochages.
Rien de grave
'14-'18
Hiroshima.
C'est ce que j'appelle un malentendu.
Un sergent dit : En avant! d'un côté
Et un autre : En avant! de l'autre bord.
Forcément ils finissent par se rencontrer
Alors il y a comme une bousculade.
Mais cela arriverait n'importe où.
Armée par armée.

Dites à un million de curés
D'avancer d'un côté...
À un million de jésuites,
La même chose, en face.
Forcément il va y avoir bousculade.
Et bien pire.
'39-'45 à côté ce serait rien.
Deux millions de curés qui se rencontreraient
Face à face
De l'amour plein le cœur.
De la paix plein le missel.
Un carnage,

UN CARNAGE!
Pas de fusils...
Pas de baïonnettes...
Non.
Juste un petit scapulaire
Mais un petit coup de scapulaire
Ben placé... dans le front...
C'est comme l'extrême-onction :
Vous avez votre O.K. pour l'autre bord.
Mais cela n'arrivera jamais,
Car les curés, ils marchent tous dans le même sens :
La vérité.
Comme ça, ils se rencontreront jamais.

L'armée, c'est la même chose.
Faites-les tous marcher dans le même sens...
Ils se rencontreront jamais.
Vous voyez.
En somme, y a pas grand' chose qui nous sépare.

L'argent.
Naturellement l'argent est cause de friction.
Mais c'est pas grave.
CE N'EST PAS GRAVE.
C'est encore un malentendu.
Y'en a qui en ont trop,
D'autres qui en ont pas assez
Et tout le monde se casse la tête
Pour trouver une solution.
Mais la solution est là,
Devant nos yeux : les communautés.
Oui, les communautés.
Personne a une cenne
Tout le monde est millionnaire.
C'est le principe de l'obole dans le même petit cochon.
Et le petit cochon pour tout le monde.
Regardez ce que ça donne :

Le fromage OKA…
Canada Steamship…
Qu'est-ce que vous voulez de mieux?
Vous voyez… dans le fond…
Y a pas tellement de choses qui nous séparent.

Le pire naturellement
Ce sont les femmes.
Ah les femmes!
Le trouble…
La chicane, partout :
« C'est ma femme.
Non, c'est la mienne.
Laisse ma femme,
Donne-moi ma femme,
Passe-moi ta femme,
As-tu vu ma femme? »
Ça finit plus.
Mais c'est pas grave.
CE N'EST PAS GRAVE.
La coutume veut que chacun ait sa femme.
Comme dit le proverbe : « À chacun sa pépée
Et les vaches seront bien gardées. »
D'accord.
Mais c'est de là que vient le malentendu.

Sa femme,
C'est pas une affaire de religion, de lói,
C'est une affaire de cœur.
Et l'homme est ainsi fait
Qu'il rencontre « sa femme » tous les jours, partout.
Il prend l'autobus…
Une belle grande blonde… sa femme.
Au cinéma… une belle grande noire… sa femme.
La waitress du restaurant… sa femme.
La barmaid… sa femme.

« Sa femme »... son genre de femme…
Tous les jours... partout.
C'est là le problème.
Chacun sa femme, d'accord.
Mais pas toujours la même.
C'est ça qu'ils comprennent pas.
Naturellement, les prêtres,
Ça les fatigue pas.
Pas de femmes pas en toute
Mais attendez qu'ils commencent à se marier.
Vous allez voir qu'ils vont traficoter les règlements.
Qu'ils vont fermer les yeux…
Comme pour le vœu de pauvreté.
Vous voyez… dans le fond
Y a pas tellement de choses qui nous séparent.

Dieu.

Naturellement, Dieu, c'est pas de tout repos.
Chacun se l'arrache :
« Il est fait de même,
Non, il est comme ça.
Il pense de même,
Non, il pense comme ça. »
C'est la pagaille.
Mais c'est pas grave.
CE N'EST PAS GRAVE.
Quand est-ce que la chicane a commencé?
Quand ils ont dit : un seul Dieu.
Là, chacun voulait l'avoir de son bord
« Il est à moi.
Non, c'est le mien.
Donne-moi-le,
Laisse-le tranquille.
Amen,
Babiscum,
Gloria »

La chicane a poigné.
Avant, c'était pas de même.
Chacun avait son Dieu,
Et y avait pas de problème.

C'était le soleil,
C'était la pluie,
Le Dieu du feu,
De l'amour,
De la santé,
De la bonne fortune.
Tout le monde était content.
Les Grecs avaient raison :
Chacun son Dieu…
Chacun son oratoire…
Du foin pour tout le monde.
Vous voyez. En somme,
Y a pas tellement de choses qui nous séparent.

Y'a les mots.
Les mots, c'est le problème.
On dit toujours ce qu'il faut pas dire.
On insulte.
On provoque.
On trompe.
Les mots… c'est effrayant.
C'est le malheur du monde.
La solution? Le silence.

Un petit clin d'œil ici
Un petit geste là…
Comme les don juan,
Mais de l'action,
De l'amour,
Du bonheur,
Dans le silence.

Vous voyez :
Y a pas tellement de choses qui nous séparent.

Que des mots,
Des mots méchants
Des mots qu'on pense pas
Des mots de trop
Et puis un long silence
Comme au cimetière,

Oui mais...
Y a des fleurs.

Les Anglais

Répandus à travers le monde
Il y a sur la mappemonde
Et par centaine de milliers
Des tas d'Anglais éparpillés.

Ils vivent en cercle fermé
Dans les anciennes colonies
Qu'un autre temps a enlevées
À la couronne qui ternit.

Vous les trouvez en Australie,
En Afrique ou bien en Asie,
Et soyons francs, n'Ie cachons pas,
Y'en a aussi au Canada.

Ce qui est curieux dans l'affaire
C'est que même en Angleterre
On ne trouve pas plus bouché
Que ces Anglais expatriés.

Monstres racistes, bêtes et bornés,
Plus royalistes que la reine,
Entre un Drapeau, une tasse de thé,
Ils ont une face de carême.

Vivant au temps de Victoria,
Pleurant l'Empire d'autrefois,
Ils veulent maintenir une ère,
Pourtant reniée à Westminster.

Convaincus d'leur suprématie,
En parlant de démocratie,
Ils vous traitent comme un valet
Si vous n'êtes pas un Anglais.

Il faut être assez incomplet
Pour traiter un autre en plébéien,
Lorsqu'il ne joue pas au croquet
Ou bien n'a pas cinq ou six chiens.

Que dire du sens de l'honneur,
De la noblesse, de la grandeur,
De ceux qui n'ont même pas le cœur
De respecter toutes les couleurs.

Lorsque l'on se veut d'une essence
Supérieure, on a l'élégance
De respecter les traditions
Et la langue d'une autre nation.

Je me souviens qu'en temps de guerre
On astreignait nos militaires
A n'point parler dans les cantines
La belle langue de Lamartine.

Et aussi encore aujourd'hui,
En Ontario, dans les Prairies,
On persécute et on bafoue
La langue de ceux de chez nous.

Je me demande ce que diraient
Ces mêmes Canadiens anglais
Si on leur boudait la parole
Dans leurs journaux et leurs écoles.
Pourquoi respecter un contrat
Ou les deux ne s'entendent pas.
Mieux prendre chacun notre bord,
Et faire comme les familles de « seize »,
Au jour de l'An s'aimer à mort,
Pis toute l'année plus s'voir la fraise.

Ainsi peut-être, allez-y voir,
Que nous nous donnerions la main,
Oui car c'est vieux comme l'histoire :
À pas se voir on s'entend bien.

Le grand raqué

Si vous voyez passer
Le grand raqué
Le dos courbé
Tête penchée,
N'allez pas lui jeter de pierres
Ou lui dire cinquante affaires,
Y a déjà eu trop de misères
Seulement à vouloir bien faire.

C'est dans les assemblées publiques
À faire de la politique,
Qu'il s'est éreinté,
Le grand raqué,
Devant l'injustice du monde
Et des grosses peines sans nombre
Il voulut faire quelque chose.

Afin que tout soit bleu et rose,
Il avait le cœur trop sensible,
Et puis il avait lu la Bible,
Alors il s'est cru obligé
De se lever, de s'impliquer.

Et y a eu un paquet de troubles,
Rien que des gros et puis en double,
C'est plein de gens qui lui ont dit
Qu'il était rien qu'un mautadit,
Il reçut un paquet de roches,
Des coups de pied et des taloches.

Même ceux qu'il voulait aider
L'ont bafoué, l'ont insulté,
Pour ça ç'a été un coup dur,
Lui qui était si bon, si pur.

Il tendit alors l'autre joue
Et commença à prendre un coup.

À revirer maintes balounes,
À tâter des vieilles guidounes,
Pendant deux ans y a pas lâché,
Dans tous les bars, tous les partys.
Sa femme a pris l'ameublement
Et dret là a sacré le camp
Avec les p'tits, le bas de laine,
Et aussi un gros pot de cennes,
Quand il s'est réveillé soudain,
Y avait plus de meubles, plus rien.

Alors il s'est calmé un peu
Et maintenant bien malheureux,
Il traîne la patte partout
En travaillant par petit bout,
Tout ça parce qu'il a voulu
Aider tous ceux qui sont tout nus.
Y a pas d'morale à recevoir
Mais si par hasard un bon soir
Vous rencontrez le grand raqué,
N'allez pas lui reprocher rien
Mais laissez-le juste passer...
Il a eu assez de chagrins.

Médée

Pourquoi, Médée
Que t'es fâché?
Va te coucher
Ça va passer,
T'as le cœur gros
Sur le carreau
Et un corbeau
À chaque mot.

Pourquoi, Médée
Que t'es fâché?
Va te coucher
Ça va t'aider.
Je suis inquiet
T'es si mauvais
Que tu pourrais
Tuer la paix.

Et serait-ce une affaire
Qui aurait de l'allure
Un paquet de misères
Qui briseraient à jamais
Ta parure?

Crois-moi, Médée,
Va te coucher
Tu es fâché
Ça va sauter,
Le gros Dubé
Il est carré
Tu vas manger
Une volée.

Tu me fais peur
Tu es rageur

T'as le malheur
Dedans ton cœur.
C'est de valeur
Va voir ta sœur
Même si l'heure
Est de bonne heure.

Tu ferais mieux c't'affaire
De te réconcilier,
C'est moins dur que la guerre
Et puis d'avoir les deux yeux
Ben bouchés.

Va te coucher
La nuit passée
T'auras biffé
Que t'es fâché,
Tu sauras plus
Rien de ce cru
T'auras perdu
Ton air bourru

Va te coucher
Va t'en rêver
Sur l'oreiller
Tout va passer.
C'est l'élixir
Pour plus souffrir...
De dormir.

LES FAUSSES VALEURS

Les gens sont conditionnés. D'abord, la patrie est un conditionnement. On se fait avoir dans l'histoire de la patrie. La patrie, c'est la raison d'être des états, des rois, des dirigeants. Pour régner, il leur faut un territoire et une population, alors c'est la chasse gardée des possédants et, en bas, ce sont les travailleurs qui font vivre ceux d'en haut, avec leurs impôts et leurs sueurs. Quand les états se chicanent, qui c'est qui mange la claque? Qui c'est qui va se faire tuer sur les champs de bataille? Ce n'est pas les possédants. C'est encore le pauvre peuple conditionné à qui on raconte toutes sortes d'histoires incroyables et qui mord à l'hameçon chaque fois, comme un poisson affamé.

Ils sont conditionnés par le drapeau. Le drapeau, les gens ne se rendent pas compte, mais c'est un fléau. On ne meurt pas pour son prochain, mais on meurt pour son drapeau. Le drapeau est un conditionnement aussi. Pour tenir tout le monde ensemble, il fallait trouver quelque chose de rassembleur, alors le drapeau était tout indiqué. Tout comme l'hymne national. C'est important, ça, l'hymne national. Ça ne paraît pas, mais ça conditionne parce que tout le monde se reconnaît dans un hymne, dans un drapeau. Ça crée l'unité. L'histoire, la même chose. On se rassemble autour de la même histoire. C'est avec ça qu'ils tiennent les gens. C'est émotionnel, le pays. Dans le fond, on habite le même territoire et on partage la même langue. C'est à peu près les seules choses qu'on a en commun. Le reste, c'est la société ordinaire, les uns contre les autres, avec toutes sortes d'intérêts en jeu. Il n'y a pas d'unité là-dedans, pas de charité. Il y aurait une belle unité s'il y avait de la charité, de l'entraide, mais ça n'existe pas ou à peu près pas. Alors, ils réussissent à tenir les gens ensemble avec des insignes, des hymnes, des drapeaux. On est tous conditionnés. On subit tous l'oppression économique. Nous sommes tous écrasés par l'argent. Tout le drame de la vie, les gens ne s'en rendent pas compte, mais c'est l'oppression économique. On vit selon ce qu'on a dans les poches.

Une fois, un gars m'a dit : « Ton meilleur ami, c'est ce que tu as dans les poches. » C'est dur à accepter une vérité comme celle-là, mais le pire c'est que c'est vrai. Ce que tu as dans ta poche, c'est ta liberté, ce qui te permet de fonctionner dans la société et d'avoir des relations. Mais quand tu n'as plus une cenne dans tes poches, comment veux-tu fonctionner? Tu tombes en dehors de la gang. T'es tout seul. C'est ça, l'oppression économique. C'est l'argent, y'a rien que ça, comme disait Félix. Si vous avez déjà été pris sans argent, vous savez ce que ça veut dire. Tu comptes sur qui quand tu n'as plus une cenne? Tes amis? Bien souvent, ils ne sont pas plus riches que toi. Ils veulent bien t'aider un peu, mais ils ne peuvent pas faire l'impossible. Tout le monde est pris avec ça. Nous sommes opprimés par la nécessité d'avoir de l'argent. Sans ça, on n'existe plus et on ne peut plus vivre.

Les gouvernements donnent du bien-être social pour survivre, un petit montant pour assurer à peine le nécessaire. Dans le temps de la crise, il y avait le secours direct. Ils sont bien obligés de donner un peu, sinon les gens se révolteraient. Alors, on achète la paix sociale avec des miettes...

L'arbre de la connaissance

Le savoir est dangereux,
Dieu est un secret,
Et qui tend à le percer
Prépare son malheur.
Ce monde est un spectacle.
Il faut le regarder
Sans y toucher.

Civilisations

Toutes les civilisations
Ont grandi par l'effort
Des hommes,
Et ont péri victimes
De leurs œuvres.
L'esprit guerrier,
Ou mercantile,
Qui divise,
Tue
Et ne respecte rien,
Finit toujours par bousculer
L'ordre des choses.
Mais la logique se manifeste,
Reprend ses droits,
Et les civilisations
Sont balayées par le vent,
Impitoyable.

Anti-civilisation

C'est au niveau de chacun
Que le monde se fait,
Se défait.
Telles sont les valeurs
Qui motivent les individus,
Telle est la société.
Quand chaque matin
Des millions d'hommes
N'ont comme but que le
Salaire,
Ou le profit,
Le sens moral finit par
S'effriter,
La ville devient cruelle
Et répand son venin
Dans tout le pays.
Les plus pauvres s'aguerrissent,
Sortent le couteau,
Et la jeunesse, ne connaissant
Point les valeurs du cœur,
Se perd dans sa recherche
De l'argent,
Et d'un bonheur qui ronge
Et détruit.

Les banques

Au guichet de la banque,
L'homme robot dépose ses
Petits papiers,
Où se limite toute sa vie.
Jour après jour
Ils l'enchaînent au travail,
Lui rapetissent la vue,
Lui grugent la conscience.
Tous ses efforts,
Ses combats,
Sont conditionnés
Par les petits papiers.
Ses espoirs, ses horizons,
Leur ressemblent
Ses liens, ses amitiés aussi,
Celui qui n'en a point crèvera
De faim
Celui qui les a tous sera rongé
De tourments;
Celui qui en a peu traînera une vie
Médiocre,
Sans beauté et sans repos.
Achetant les billets de la chance,
Où le hasard
Pourrait le libérer...
Pour l'enchaîner encore plus.

Le plus grand péché du monde

Le plus grand péché
Du monde,
C'est l'argent
Qui divise les hommes
Et cache le soleil.
Rapetisse la vie,
Éveille les sentiments
Mauvais,
Aussi fomente ta guerre.

Le plus grand péché
Du monde,
C'est l'argent
Qui a fait de ce monde
Un immense comptoir.
Où faut tout acheter,
Quand tout nous a été
Donné,
Car Dieu n'est pas un
Marchand.

Le plus grand péché
Du monde,
C'est l'argent
Qui fait de tous les hommes
Des esclaves soumis.
Et leur vole leur vie,
Les obligeant à travailler.
En leur cachant la beauté

Le plus grand péché
Du monde,
C'est l'argent
Qui endurcit les cœurs
Et écrase les peuples,

Leur vole leurs richesses,
Fait mourir la mère
·Et l'enfant,
Et puis détruira le monde.

Le plus grand péché
Du monde,
C'est l'argent.

L'intelligence des hommes

Mais où est donc
L'intelligence des hommes,
Dans ce gâchis du monde,
La destruction de la nature,
Ce rapetissement
De la dignité humaine?

Mais où est donc
L'intelligence des hommes,
Dans cet aveuglement
Devant le miracle de la vie,
La beauté d'une fleur,
La grandeur d'une seule aurore?

Mais où est donc
L'intelligence des hommes
D'oublier l'infini,
Le plus grand et le plus petit,
La complexité d'un corps humain,
L'immensité d'un seul cerveau?

Pourquoi cette rage au gain,
Ce besoin de détruire,
Cette haine qui tue,
Cet esprit satanique?
Mais où est donc
L'intelligence des hommes,
De ne rien respecter,
De n'être point capable d'aimer,
D'avoir des yeux qui ne voient pas,
Un cœur fermé à la beauté?

L'OPPRESSION ÉCONOMIQUE

L'oppression économique

L'oppression économique ce n'est pas un rêve.
Combien de vies brisées à cause du manque d'argent?
La grande cité cache en son sein
Des milliers de gens qui vivent discrètement
Pauvrement,
Ignorés, oubliés de tous.
Dans les quartiers de la misère, ils habitent
Des petits logements,
Des petites chambres,
Mangeant seuls sur un coin de table.
Au mur, un petit crucifix et un vieux calendrier
Sont leurs seuls compagnons.
Une lugubre fenêtre leur ouvre un horizon de briques
Et d'escaliers de secours noirs et tristes.
Ainsi s'écoulent les jours de ceux qui ne
Possèdent rien.

Les gens pensent que c'est normal d'être obligé de gagner sa vie, courir après l'argent. Payer pour tout. C'est un conditionnement.

Autrefois, au Moyen Âge, je ne sais pas comment ils faisaient. Il y avait la cour des Miracles à Paris où les démunis qui survivaient comme ils pouvaient se ramassaient.

Les gens, ils survivent comme ils peuvent. Ils ont un peu d'aide du gouvernement, mais ce n'est tout de même pas normal qu'on laisse les gens dans la misère avec autant de richesse autour de nous. C'est pas civilisé, ça. Une société doit s'occuper de tout le monde. Mourir de découragement dans la rue, ce n'est pas normal. Les gens disent : « Qu'ils se débrouillent. » Qu'ils se débrouillent, c'est ben facile à dire, ça, mais au départ tout le monde n'a pas les mêmes chances, les mêmes talents, une famille pour les aider. Il y en a qui sortent des orphelinats qui sont tout croches, pas instruits, on les laisse dans la rue. C'est un non-sens. Les gens ont le cœur dur dans le fond. Combien donnent à ceux qui quêtent?

Pops, c'est bien ce qu'il fait. Moi, je l'admire beaucoup cet homme-là. À tous les ans, je l'encourage un peu. Il faut aider ceux qui sont dans la rue et qui n'ont rien. Je ne sais pas comment ils font pour vivre.

Même chez les démunis, il n'y a pas beaucoup d'entraide. C'est épouvantable. S'il y en a qui devrait s'aider, c'est bien eux autres. Mais non. Ils se chicanent et la loi du plus fort l'emporte encore.

L'Abbé Pierre a commencé son œuvre en 1954, la même année que je suis arrivé en France. Des gens importants, heureusement qu'il y en a toujours qui sortent comme ça, comme mère Thérésa. Ce n'est pas donné à tout le monde. Il faut être fait fort.

La dette, c'est-tu écœurant, les maudits capitalistes. L'argent leur revient de toute façon deux fois. Une fois sous forme d'achat et une autre fois sous forme de remboursement puisque tout le monde est endetté envers eux. C'est du vol total. Les États-Unis sont le meilleur exemple, avec les dettes de l'Afrique, alors que c'est l'esclavage en provenance de ces pays qui les a enrichis depuis toujours. C'est honteux, ça. C'est un pays de voleurs, les États-Unis.

Les Américains… Les États-Unis… C'est un pays de bandits, mais ils sont *wise*. Les communistes ont été complètement stupides avec leur oppression, alors que les Américains ont été plus rusés en disant au peuple : « Vous avez la liberté. Faites-en ce que vous voulez. » Ils ne sont pas si libres qu'ils pensent. Ils sont surveillés, contrôlés, pendant que leurs dirigeants volent le monde entier. Les communistes n'ont pas fait mieux. Pourquoi? pour construire une usine ou une ligne de chemin de fer et enlever la liberté aux gens? Ce n'est pas nécessaire. Pourquoi?

Les Américains, ils sont tellement tabarnak que sur leurs billets de banque c'est écrit : « *In God we trust* ». Tout est camouflé. C'est écoeurant leur capitalisme basé sur l'or, l'argent. « En Dieu nous avons confiance. » Pourtant, s'il y en a qui se câlissent ben de Dieu, c'est les capitalistes. Regarde Bush. Il est chrétien. Ah! oui. Et pourtant, ça ne le dérange pas de massacrer des populations civiles aux quatre coins du monde. Comme Harper, c'est un bandit. Il envoie massacrer des soldats. Comment peut-il dormir? Ça n'a pas l'air de le déranger pantoute.

J'espère qu'on va le débarquer. Pour l'environnement, il pense avant tout à l'industrie. J'ai écrit, il y a déjà plusieurs années : « Le monde n'a pas été créé pour une société industrielle. » J'ai raison. Ça n'a pas été fait pour ça, le monde. C'est anti-nature. La pollution, l'industrie détruit tout. On coupe les forêts, détruit, saccage, empoisonne, mais la nature, elle a ses lois, la nature. C'est elle qui est la plus forte. Elle va nous balayer tôt ou tard avec ses moyens à elle : la famine, les maladies, les tempêtes.

Tout est toujours dans la façon de dire et d'interpréter les choses, les journalistes le savent bien avec la manipulation de l'information.

Une fois, il y avait un Russe qui était à Washington avec un Américain. L'Américain dit au Russe : « Je vais te montrer ce que c'est la liberté. » Il lève le poing en l'air et crie : « Merde au président des États-Unis. » Le Russe répond : « Chez nous, c'est la même chose. La même liberté. Moi aussi, je peux aller devant le Kremlin, lever le poing et crier : Merde au président des États-Unis. »

Ça m'attriste de voir comment les gens sont ignorants. Ils ne lisent rien, ne savent rien, obéissent aveuglément au dieu d'argent, le veau d'or. Ils vont travailler, payent, pis suivent, sans se poser de question. Ils sont soumis, non par lâcheté, mais par ignorance. Ils pensent que ça marche de même.

Il faut dénoncer l'argent, l'exploitation, les militaires. Quitte à se répéter. On ne le dira jamais assez. Dénoncer la guerre, l'esclavage, mais ce n'est pas des choses faciles à dénoncer, parce que ça ne fait pas rire.

Gagner sa vie, c'est un mensonge. La vie, ce n'est pas une loterie. On n'a pas d'affaire à s'enchaîner à des machines pour enrichir un système. C'est pas vrai, ça. C'est pas normal d'être soumis au travail pour acheter nos vies. On achète nos vies. On nous vole nos vies. Les gens ne se rendent pas compte de ça. C'est dommage.

Pis quand on n'a pas le moyen d'acheter nos vies, on crève de faim, c'est tout. Au profit des possédants, des bien nantis, des multinationales.

La base de notre civilisation, c'est argent, succès, prestige, course au profit, à la performance, à être meilleur que l'autre, plus riche, plus connu, plus adulé, sollicité. L'ambition détruit tout. D'ailleurs, le Seigneur l'a dit : « Si vous voulez entrer dans le royaume des cieux, renoncez à vous-même. » Bouddha dit d'ailleurs la même chose. La renoncement, ne plus rien désirer, la richesse, le pouvoir.

C'est bon, Bouddha, d'ailleurs. Le Christ, c'est un bouddhiste, à peu près tout ce qu'il dit, ça vient de Bouddha. D'après moi, il est allé aux Indes s'instruire. C'est ça qu'il a enseigné, la philosophie de Bouddha. Il a appris des trucs.

Si tu as la foi, sans aucun doute, dans l'esprit, tu peux soulever l'appartement ici. Faut avoir la foi, la vraie foi, mais il n'y a personne qui l'a. Ça prend un entraînement, c'est le doute qui nous tue. Tu lèves un gros divan, pis là, tu doutes, tu l'échappes, pis tu te blesses. Le doute, c'est une blessure à coup sûr.

Il a dit de belles choses, le Christ. Il n'a pas juste parlé du paradis. Il a parlé du Jugement dernier, la vallée de Josaphat. C'est où ça? En tout cas, ça a l'air que le soleil est encore bon pour cinq milliards d'années, ça fait qu'il n'a pas fini d'en passer du monde, avant de se détruire.

Mais d'après moi, on s'est détruit souvent et ça recommence. La vie recommence toujours de la même manière. Au début du monde, le big bang, comme on l'explique, pour moi, ce n'est pas le début, mais plutôt la fin non pas du monde, mais d'un monde qui s'est détruit et la vie, elle, s'est accrochée à quelques morceaux et ce fut le recommencement.

On va disparaître de nouveau, tôt ou tard, et tout recommencera.

Il y a eu d'autres civilisations avant nous et il y en aura d'autres après. Le temps mange tout et il ne reste rien. Qui saura que nous avons existé?

Moi, à ce moment-là, je prendrai un verre au bar du paradis. C'est le seul bar que j'ai pas encore fait.

Ce que je vois

Ce que je vois,
C'est la trahison
Des uns envers les autres.
L'impossibilité, chez l'homme,
D'être généreux,
De partager.
Ce que je vois,
Ce sont des parents tarés,
Abrutis par une éducation
Mesquine,
Transmettre à d'autres
Leur petitesse et leur vide
Qui seront retransmis fidèlement.
Ce que je vois,
C'est l'inintelligence
De l'homme,
Son égoïsme,
Sa méchanceté,
Sa cruauté,
Sa bêtise sans limites.
Ce que je vois,
C'est le malheur de la maladie,
De la solitude,
De l'incompréhension,
De l'injustice,
De la brimade,
De la perte d'êtres chers,
De la pauvreté,
Et encore... et encore...
Ce que je vois,
Ce sont des gardiens de prison
Bêtes et cruels,
Des militaires stupides,
Qui sont le malheur du monde.
Ce que je vois,

C'est l'atrocité de l'homme,
De sa condition,
De ce qu'il est,
De ce qu'il fait…
Toujours prêt à se nuire,
À se détruire.

Les bas instincts

Les bas instincts
Ressemblent au commerce,
À l'argent.
Les bas instincts
Ressemblent à la guerre.
Les bas instincts
Ressemblent au profit :
Inutile,
Égoïste, insensé,
Assassin!
Les bas instincts
Ressemblent à chacun pour soi.
Les bas instincts
Ressemblent au plus fort la poche.
Les bas instincts
Ressemblent à la publicité
Pour vendre n'importe quoi,
Les bas instincts
Ressemblent à la peur,
Pour mieux dominer :
La peur de Dieu,
Quand Il voulait nous grandir
Et qu'ils nous ont abaissés.
Les bas instincts
Ressemblent à tous ceux qui
Empoisonnent
Pour de l'argent,
Toujours de l'argent.
Les bas instincts
Ressemblent à la science
Au service des profiteurs.
Les bas instincts sont multiples,
Mais ne ressemblent jamais
À la sexualité,
Au besoin d'aimer.

Ozone

Lorsque le soleil
Se fera plus brûlant,
Que les terres seront
Devenues infertiles,
Que les mers agrandiront
Leur part,
La famine et la terreur seront
Partout.
Les hommes,
Aveugles,
Affamés,
Déshydratés,
Brûlés,
Périront tous.
Et lorsque après un long
Silence
La vie se renouvellera,
Les créatures de ces temps
Nouveaux ne retrouveront
Ni traces,
Ni souvenirs
De ce que nous aurons été,
Et ne sauront jamais
Que nous aurons existé.

Gâchis

Ce n'est pas la mort
Qui est le drame,
Mais bien la vie.
Le sort cruel
Que nous nous faisons subir,
C'est le gaspillage de toutes
Les possibilités d'amour,
De partage, de bonheur.
C'est l'immense gâchis
Que nous faisons de la lumière
Et du temps.
Les choses ne sont qu'un instant,
Et nous gaspillons tout cela.
Ce n'est pas la mort qui est
Le drame,
Mais bien ce que nous faisons
De la vie.

D'ailleurs et d'ici

Ce n'est pas d'ailleurs qu'il s'agit
Ce n'est pas d'ailleurs mais d'ici
Ces enfants hauts comme trois pommes
Ces enfants, ces femmes et ces hommes.

Ce n'est pas d'ailleurs qu'il s'agit
Ce n'est pas d'ailleurs mais d'ici
Toutes ces fleurs qui sentent bon
Ce monde c'est notre maison.

Mais quelle est donc cette complainte
Comme un douloureux labyrinthe
En chacun de nous qui noircit,
Qui détruit? C'est la crainte.

Ce n'est pas d'ailleurs qu'il s'agit
Ce n'est pas d'ailleurs mais d'ici
Ce sont des oiseaux qui roucoulent,
Ce sont des âmes dans la foule.

Ce n'est pas autre galaxie,
Ce n'est pas là-bas, mais ici
Tous ces cœurs qui espèrent tant
Dont les siècles n'ont fait qu'un chant.

Mais ce qui est si difficile
Tend une corde très fragile
Et c'est de donner, partager.
Partager, aussi aimer.

Ce n'est pas d'ailleurs qu'il s'agit
Ce n'est pas d'ailleurs mais d'ici
C'est bien le soleil que l'on voit
C'est toute la vie
La vie qui est là.

Au coin de la rue

La fin du monde
Est tout près de nous,
Au coin de la rue,
Dans le commerce
Qui nous divise,
Qui fausse la vie
Par l'âpreté au gain.

Elle est aussi dans le cœur
De ceux qui ne refuseront pas
De prendre le fusil
Ou de jeter les bombes,
Quand on leur demandera,
Sans réfléchir,
Pour diverses convictions.

La fin du monde
Est tout près de nous,
Au coin de la rue,
Dans la trahison
De ceux-là qui
Devaient enseigner
Qu'il ne faut pas tuer.

Mais qui à travers les âges
Se sont liés à la politique,
Au pouvoir, à l'argent,
Qui avaient la mission
De changer l'humanité,
Mais qui n'ont fait
Que participer au mal.
La fin du monde
Est tout près de nous,
Au coin de la rue,
Dans le silence

Des citadins
Qui ne disent rien,
Lâches ou découragés.

Qui en ont pris leur parti.
Résignés à l'apocalypse
Qui rôde autour de nous.
Mais elle est avant tout
Dans le rôle des savants
Qui ont trahi
La science et l'humanité.

La fin du monde
Est tout près de nous,
Au coin de la rue.

Le fer contre la vie

Le fer contre la vie,
C'est le monde industriel
Avec ce long chapelet
De destructions, de gâchis.
Le fer contre la vie,
C'est la recherche soumise
Aux intérêts,
À l'argent.
Le fer contre la vie,
Ce sont les grandes métropoles
Inhumaines,
Dévalorisantes,
Écrasantes.
Le fer contre la vie,
C'est le résultat
D'un espoir,
Détourné au profit
D'un système économique.

LA DÉMENCE

Les hommes, y sont pas tous fous. Il y en a deux, trois qui sont corrects, mais on ne les connaît pas. Les valeurs qui animent nos sociétés sont démentielles. Les gens ne s'en rendent pas compte, c'est démentiel.

D'abord, la mainmise des hommes d'argent sur le monde. C'est pas normal qu'il y en ait qui accumule. Pourquoi accumuler? Je n'ai jamais compris ça, moi. Quand tu as ta maison, trois chars, pis tout le reste, pourquoi accumuler ça à la banque? Les gens qui accumulent des fortunes pendant qu'il y en a des milliards qui crèvent de faim, ça relève d'un manque de jugement, d'une forme de démence.

La guerre, ils ont beau nous parler du drapeau, de la patrie, c'est démentiel. Des gens qui se rentrent dedans en se tirant des balles dans le front pis qui s'envoient des baïonnettes dans le cul, c'est démentiel. Un aviateur qui, à des milliers de pieds dans les airs, garroche des tonnes de bombes sur des villes, tuant des civils, c'est démentiel. Cela tient de la démence, faut le dire.

Tous les États sont criminels parce qu'ils conditionnent des hommes à tuer. C'est sûr que lorsqu'on est attaqué, il faut bien se défendre, mais ceux qui attaquent ne sont pas des Martiens. Ce sont des gens comme nous, qui font aussi leur devoir en servant leur patrie. Tous les deux sont dressés de la même façon, l'attaquant et celui qui se défend. Tous les deux font ça par honneur, courage, bravoure, patriotisme. Il y a une forme de démence à tuer ainsi, sans s'en rendre compte. Ce n'est pas normal de tuer les autres. Ce sont des valeurs démentielles.

L'argent qui écrase les peuples, l'accumulation pendant que d'autres crèvent de faim, c'est démentiel.

L'homme n'est pas un être dément, mais les valeurs qui motivent la société le sont. Ce sont des valeurs démentielles. La guerre, ils nous diront ce qu'ils voudront, c'est de la barbarie. S'entretuer comme ça. J'ai un livre de la guerre de quatorze avec des photos dans les tranchées, la misère qu'ils ont eue à la guerre de quatorze, ça n'a pas de sens. Ils vivaient comme des rats dans des tranchées, à manger des rats, pis là ils sortaient et se tiraient dans la gueule les uns les autres. Il n'y a rien d'intelligent là-dedans, c'est de la sauvagerie, de la barbarie, mais les gouvernements, c'est dans leur intérêt de faire voir ces choses-là, comme le courage des soldats… une belle image. Ils leur donnent des médailles, des bébelles. C'est juste psychologique. Et puis des monuments aux morts. En France, c'est un conditionnement pour la prochaine, dans tous les villages de France, il y a un monument aux morts, d'un bord, quatorze, de l'autre, trente-neuf. Des fois, dans des petits villages de rien, tu as des grandes listes de morts. Quand je suis allé à Sète, au cimetière, ça, c'est drôle c't'affaire-là, je vais au bar prendre un petit verre et je demande à la fille : « Monsieur Brassens, à quel endroit est-il inhumé? » « Il est à Pye », m'a-t-elle répondu. Quoi? Il est « tapis »? Non.. À Pye. Je voulais me recueillir sur sa tombe. Je ne le savais pas, mais le cimetière s'appelle Pye. Quand je suis sorti du cimetière, j'ai vu qu'à un endroit il y avait un ensemble de petites croix sur lesquelles était inscrit « Août quatorze », parce que la guerre avait commencé en août 1914. Il y avait le nom de tous ceux qui étaient morts et c'était tous des jeunes de dix-huit pis vingt ans. C'est écœurant. J'en ai parlé à un homme que je connais, qui avait fait la guerre à cette époque, en Hollande. Il m'a dit : « C'est normal. Moi aussi, j'avais dix-huit ans quand je suis entré dans l'armée. » Même s'il y en a une gang qui se fait tuer, c'est pas grave, on est correct. C'est normal. J'en revenais pas. C'est ça qu'il faut combattre, l'idée de la gloire militaire. Il n'y en a pas de gloire militaire. Il n'y a que de la barbarie, c'est tout. Je veux bien croire que des fois on est obligé de se battre, mais c'est une nécessité qui relève de la barbarie. Il va falloir que les gens arrêtent de considérer la gloire militaire.

Quatorze

Mon oncle qui a fait quatorze
A des tas de souv'nirs de guerre,
Et comme un artiste dans sa loge
Tout fier il raconte sa carrière.
Quand il était dans les tranchées,
Et qu'il jouait de la mitrailleuse,
Dormant sur la terre mouillée
De la bonne terre tuberculeuse.
Mangeant du rat, mangeant du chien,
Mais c'était quand même le bon temps
Car il y avait les copains
Les vieux copains du régiment

La guerre, la guerre, la guerre
Elle nous en fait manger
Oui mais après la guerre
On aime bien en parler.

Son capitaine s'app'lait Billy
Et tout se faisait en anglais.
L'anglais c'est la langue rêvée
Quand il faut s'écorcher l'palais.
Avec ses badges bien vissés
Il rugissait des mots bizarres
Et tout l'monde allait se faire tuer
En courant pour pas être en r'tard.
Quand l'armistice fut signé
Il était le seul qui restait
Avec mon oncle qui fut sauvé
Parce qu'il comprenait mal l'anglais.

La guerre, la guerre, la guerre,
C'est bien beau d'obéir,
Oui mais après la guerre
C'est bien mieux d'revenir.

Le clou d'sa représentation
Après ses souv'nirs de bataille,
C'était lorsque, avec émotion,
Il nous montrait toutes ses médailles,
Quelques pièces aux rubans usés,
Pas grand-chose en réalité
Oui mais pour pouvoir en porter
Faut d'abord aller les chercher.
Vous pouvez bien en acheter
Dans les *pawnshops* de la rue Craig
Mais mon oncle il les a gagnées
En les payant de trois orteils.

La guerre, la guerre, la guerre,
Faut une âme bien trempée,
Et avoir au derrière
Quelques poils à laisser.

De la paix

Tant que les États dresseront des hommes pour servir la guerre; tant que ceux-ci croiront à leur devoir d'obéir inconditionnellement aux ordres qui leur sont donnés, il est vain de parler de paix, d'espérer la paix. Le mensonge est dans le monde et celui-ci est sûrement le plus grand. C'est du détournement de la conscience qu'il s'agit, de la déformation de l'esprit. Là où il est question d'honneur, de devoir, il n'y a que le crime. Aucun devoir, aucun honneur à servir la guerre. Chaque homme est responsable de ses actes. Nul ne peut s'absoudre au nom du devoir, de la patrie. Un meurtre reste un meurtre en tout temps quelles que soient les raisons qui le motivent. L'obligation de servir la guerre est un mensonge et la conscription un crime contre l'humanité que se sont arrogé les États. Tous les États sont criminels. Voyez comment ces hommes sont dressés par des valeurs qui ne sont là que pour les tromper. Ce drapeau, ce signe de ralliement n'existe que pour troubler les émotions et l'esprit. Et ces musiques militaires et ces parades ne sont qu'une mise en scène pour éveiller la fierté là où il n'y a que tueries.

La patrie est aussi un mensonge. C'est la raison d'être des États et la chasse gardée des possédants. Mais pour le peuple, ce n'est qu'un lieu où il s'éreinte à servir des maîtres qui l'exploitent et le méprisent. Quand on lui demande de mourir pour sa patrie, c'est pour ces tyrans qu'il va donner sa vie. Démocratie ou pas, la tyrannie est toujours présente, hypocrite, exploitant les hommes par le règne du travail et de l'argent. Ceux-ci sont encore trompés par des valeurs qui ne sont là que pour créer un sentiment d'unité, d'appartenance qui, dans les faits, n'existe pas. La seule chose qui unit les hommes sous un même ciel, c'est la langue. Mais l'esprit d'entraide, de charité, de fraternité qui devrait prévaloir n'existe pas. Dans la vie de tous les jours, les hommes sont dressés les uns contre les autres. La patrie n'est qu'une illusion et l'histoire qu'un autre moyen pour créer un sentiment d'appartenance, d'unité qui, dans les faits, est faux. Et c'est pour ce mensonge que les hommes croient à leur devoir de mourir. Pour qu'il se perpétue, le peuple est appelé à honorer la mémoire de ses morts par des monuments ou des livres où sont décrits les faits d'armes et les noms des grands généraux ou des supposés héros pour bien conditionner les suivants à servir aussi quand viendra leur tour. Et ces médailles, ces petites pièces de bronze ou d'argent, ne sont qu'un autre moyen pour perpétuer le conditionnement et le mensonge. La guerre, c'est le mensonge. Tout est mensonge partout et dresse les uns contre les autres. Nos sociétés ne sont qu'une immense foire d'empoigne où il n'y a ni entraide ni amour. Que des hommes motivés à s'enrichir, à réussir, à s'élever aux dépens des autres. La guerre se perpétue ainsi dans nos vies quotidiennes. Le cerveau est un ordinateur qui a été programmé par de fausses valeurs : l'argent, la réussite, l'enrichissement qui divisent les hommes. Et vogue la galère, et voguent l'injustice, l'exploitation de l'homme par l'homme et la violence. Il ne peut guère y avoir de paix et d'amour dans un monde cruel et inhumain. Mais la plupart ne sont pas conscients de la grande manipulation. Qu'ils se font tromper et exploiter par des maîtres sans conscience, dont nous ne connaissons pas les visages, car ils se terrent, se dissimulent derrière d'autres hommes que nous croyons les chefs quand ils ne sont que les serviteurs du pouvoir de l'argent, qui est le plus grand fléau qu'aura connu l'humanité et qui le précipite à sa perte en ne respectant ni les hommes ni le miracle de la vie. Il écrase et détruit tout. Mais tous sont si bien conditionnés à ce pouvoir obscur qu'ils ne se rendent même pas compte que le MAL lui ressemble; ainsi des États et des militaires. La Terre est une prison où les prisonniers se croient libres et ne connaissent pas leurs geôliers. Au contraire, ils les applaudissent, les admirent et se soumettent à leur joug. La paix dans le monde viendra quand le mensonge sera vaincu et quand les hommes s'ouvriront les yeux. Voyez le mensonge. Dénoncez-le pour qu'un jour nous puissions fraterniser et vivre d'amour. L'espoir ne pourra venir et exister que par nos actions. Ce sont elles qui le bâtissent. Mais si nous continuons à nous tromper, à nous entretuer, comment pourrait-il naître? Ce n'est pas un nuage qui descendra du ciel. L'espoir, c'est vous, c'est moi, c'est la recherche de la justice d'où viendront la paix et la survie de l'humanité.

Après la Création, l'évolution de la nature et du corps humain, c'est maintenant de l'évolution de la conscience qu'il s'agit. Et la parole du Christ est celle de la conscience. Cela met beaucoup de temps à évoluer, mais telle est la loi de la vie. Des milliards d'années pour la naissance d'une seule fleur. Combien de temps pour le règne de la paix dans le monde?

L'idée

C'est par l'idée de justice
Que des millions d'hommes
Ont été torturés,
Assassinés.
C'est par l'idée d'égalité
Que sont apparus
Des régimes sanguinaires,
Des États froids,
Brutaux,
Sans âme ni conscience.
À vouloir répartir
Les richesses équitablement,
Sauver les hommes de l'exploitation,
De l'esclavage,
On a créé plus d'injustice,
D'exploitation, d'esclavage.
L'idée de justice
Est irréaliste,
Irréalisable.
Ce qu'il faut c'est l'entraide,
La tolérance,
Le partage,
Faire ce qui est possible,
Mais non chercher ce qui serait
L'idéal,
Car l'idéal tue.

L'horreur

L'horreur…
Elle est là
À travers les siècles
Dans tous ceux qui furent
Brutalisés
Par des maîtres qui n'étaient
Que bêtes cruelles
Tous ceux qui vécurent
Toujours au bord de la faim,
Du froid, et du désespoir
Dans tous ces enfants
Qui ne connurent jamais
L'enfance,
Et furent battus, rejetés
Qui, déjà, à l'âge de sourire,
Mendiaient
Dans tous ceux qui furent
Emprisonnés pour un morceau
De pain,
Tandis que les puissants
Pillaient des pays entiers
Tous ceux qui furent torturés
Pour des causes que le temps
N'a pas retenues;
Tous ceux qui furent assassins
Parce que le destin
Ne leur laissa pas le choix.

Les porcs

Dieu créa l'homme et le porc.
C'est le porc qui s'est le plus répandu.
Les porcs ils sont partout.
Y'ont pas de conscience les porcs.
Y'a rien qui les dérange.
Le monde entier peut crever de faim...
ça leur fait pas un pli.
Les porcs ils ont des usines...
Ils polluent l'air... l'eau...
ça les dérange pas pantoute.
D'abord que ça paye, le reste ils s'en sacrent.
Que leurs ouvriers s'usent sur des chaînes de montage,
Dans un travail inhumain,
c'est le dernier de leurs problèmes.
Ou bien mettre cinq cents gars dehors,
cinq cents pères de famille,
Ça leur fait rien les porcs,
Ça les regarde pas.
C'est pas leur responsabilité.
Les porcs eux c'est le profit,
Et chacun pour soi.
Ils ont tué beaucoup de monde les porcs.
Ils sont glorieux les porcs.
Des beaux noms... des beaux titres...
tout le monde les connaît.
On parle d'eux.
Y'a pas un livre qui ne glorifie pas
un porc quelconque.
Des porcs généraux...
Des porcs rois...
Même des porcs papes.
Je vous le dis... ils sont partout.
Vive les porcs!
Gloire aux porcs!
Ils ont fait de la planète une prison

les porcs.
Un pacage à massacre.
Vive les porcs!
Merci aux porcs.
Porcs d'Europe...
Porcs d'Amérique...
Porcs de Russie...
Vous avez bien réussi.
Nous vous rendons hommage.
VIVE LES PORCS.

L'amour et la guerre

Refrain

Ils nous ont défendus
De faire l'amour
Mais pas la guerre

L'amour c'est pas joli
Les gens sont à poil
Tandis qu'à la guerre
Ont des beaux uniformes

Refrain

L'amour c'est pas joli
Les gens sont couchés
Tandis qu'à la guerre
Tout l'monde est debout

Refrain

L'amour ce n'est pas sain
Y'a du vice là-dedans
Tandis que la guerre
Y'a que du courage

Refrain

L'amour c'est un péché
Les gens ont du plaisir
Tandis qu'à la guerre
On souffre et on meurt

Refrain

L'amour c'est dangereux
Ça peut faire des bâtards
Tandis que la guerre
Ne fait que des cadavres

Ils nous ont défendus
De faire l'amour
Mais pas la guerre

Y'a des coups de pied au cul
Y'a des coups de pied au cul
Qui se perdent

La conscription

Il ne faut pas se faire d'illusions, tous les États sont criminels.

Ils servent de bras aux puissances d'argent,

À leur esprit de domination et guerrier.

Pour ce faire, ils entretiennent des forces armées

Qui coûtent très cher.

Mais cela ne semblant pas leur suffire,

Ils se sont arrogé le droit de conscrire les citoyens pour servir la guerre.

La conscription est un crime contre l'humanité.

Nul n'est tenu de servir les armes.

G. I.

Sur des plages lointaines, un G. l. s'est écroulé.
Soldat-robot,
Venant d'un petit village de l'Arkansas peut-être,
Conditionné au devoir et à l'obéissance aveugle,
Il est mort pour de puissants intérêts,
Drapé de l'idéal de la liberté et de la démocratie.
Une médaille épinglée sur sa tombe,
Il sera un héros de plus.

Hiroshima

Monsieur Truman n'est plus.
Monsieur Truman dort tranquille.
Il a pris une décision... politique... militaire,
Qui a changé le cours de l'histoire.
Sur la carte que lui déployaient ses généraux.
Ceux-ci lui faisaient des suggestions là... et puis là...
Si le ciel est nuageux... peut-être là.
Là... ce n'était qu'un point où vivaient des milliers d'êtres
humains.
Cela aurait pu être une base militaire... ou navale...
sur une île quelque part.
Non.
Hiroshima... Nagasaki...
Peuplées de simples gens qui subissaient une guerre,
Dans laquelle ils n'avaient aucune responsabilité.
Humbles citoyens... soumis... écrasés...
Par ceux qui détenaient le pouvoir...
Ce chancre du monde.
Monsieur Truman aussi détenait... un pouvoir.
Nous avons vu les résultats.

L'OBÉISSANCE

Les soldats, c'est pas possible d'être conditionné à ce point-là, l'hostie d'histoire d'obéissance... c'est tout un coup monté. L'obéissance... Tu ne te poses pas de questions pis t'obéis. Ils leur enlèvent la conscience au nom de l'obéissance. Ça ne te regarde pas. Tu fais ce qu'on te dit de faire. Quand il y a une fusillade, sur douze fusils d'un peloton d'exécution de douze soldats, il n'y a qu'un fusil qui a une vraie balle, comme ça y peuvent pas se faire de reproches, les gars, parce qu'ils ne savent pas qui a tué. C'est écœurant, l'obéissance à ce point-là. Il faut dénoncer les valeurs militaires. Il faut dire qu'il n'y a pas de gloire là-dedans et encore moins de devoir. Ils ont pris les valeurs les plus nobles : honneur, devoir, courage. Ils ont toutes pris les grandes valeurs pour les appliquer à la guerre, à la barbarie. J'ai écrit des textes là-dessus, où je dis que tous les États sont criminels et que les pauvres soldats qui se font conditionner, laver le cerveau, quand ils reviennent blessés, on les parke encore, dans un hôpital militaire cette fois, pis on les oublie là, le temps qu'ça prend.

Aux États-Unis, ceux qui reviennent de la guerre d'Irak blessés, on les envoie à l'hôpital et s'ils prennent leur retraite, on leur donne quelques piastres en se dépêchant de les oublier. C'est plein d'anciens militaires qui deviennent des sans domicile fixe quand ils retrouvent leur liberté au retour d'un conflit. C'est écœurant. Ils sont allés risquer leur vie pour le gouvernement pis après on les laisse traîner dans la rue. C'est un lavage de cerveau ça. À l'hôpital Sainte-Anne-de-Bellevue, c'est plein d'estropiés de guerre.

Le major Dollard Dansereau, c'est un des rares qui est revenu du débarquement de Dieppe, mais très blessé, il a fini ses jours à l'hôpital Sainte-Anne-de-Bellevue. Il s'est révolté et a écrit pour dénoncer cette boucherie inhumaine et toute la manipulation dont les soldats sont l'objet, mais ça n'a pas été bien loin. On lui a dit : « Si tu parles trop, on te coupe ta pension. »

L'enjeu, en Irak, c'est le pétrole. Les Américains n'en ont pas de pétrole. Ils ont cinq pour cent du pétrole mondial avec le Canada, ce n'est pas grand-chose. Soixante pour cent du pétrole se trouve dans les pays arabes. Alors, la guerre en Irak, c'est pas sorcier, c'est pour mettre la main sur le pétrole. Tout tourne autour du pétrole. Parce que les Américains, là, ils sont surendettés avec leurs guerres. Dans le journal, ce matin encore, on annonçait qu'ils allaient rajouter sept cent quinze milliards pour la guerre. Ils sont endettés vis-à-vis des pays arabes. Quatre-vingts milliards, je pense, qu'ils leur doivent. Au Japon, c'est pareil, ils leur doivent des milliards. Les Japonais tiennent les États-Unis par la poche. C'est pour ça qu'ils veulent s'emparer des champs pétrolifères de l'Irak. C'est juste ça, la guerre en Irak.

Le 11 septembre, tous les avions étaient interdits de vol, sauf ceux des pays arabes, car il fallait bien que tous ces millionnaires rentrent chez eux. Eux ont eu le droit de voler, c'est pour dire s'ils sont pesants.

Moi, je lis un peu partout et je pense que l'économie mondiale, ça branle pas mal. Faut pas oublier qu'en 1929, en l'espace d'une nuit, twing... tout a foiré. Les experts, pis les gars de la bourse, pis de Wall Street, y ont rien vu venir. Y en a qui les avertissaient, mais ils se pensaient bien trop puissants pour que ça leur arrive. Et pourtant, dans l'espace d'une nuit seulement, tout s'est effoiré. Aujourd'hui encore, plus que jamais, c'est ça qui risque de se passer.

Ça s'en vient, dans l'espace d'une nuit, tout va s'effondrer, les fonds de pension, les banques. La plus grande menace, c'est l'endettement des États-Unis.

Si les Arabes retiraient tout d'un coup tout l'argent qu'ils ont placé aux États-Unis, fini... Au Brésil, c'est arrivé à un moment donné, les banques ont fermé, les gens pouvaient plus retirer. C'était la panique. C'est ça qui risque d'arriver. Alors, que font les gens avisés? Ils achètent de l'or. Moi, je vais changer mon argent en or pis je vais surveiller la mafia avant de couler un bronze.

Saddam Hussein, c'était un assassin, un bandit, mais les Américains se sont bien servis de lui dans le temps de la guerre avec l'Iran. Au moins, lui, il tenait le pays, alors qu'aujourd'hui, sous le couvert de la justice, les Américains ont déclenché un bourbier dont personne ne connaît l'issue, une guerre civile fratricide plus cruelle encore.

C'est toujours l'histoire des dictatures qui se répète. En 1914, c'est Bismark qui a réuni les États qui deviendraient l'Allemagne. Les Allemands ont toujours manqué d'espace vital. Alors, c'est pour cela qu'ils ont fait la guerre de 1914. L'Allemagne était sur le cul.

Par la suite, ils se cherchaient un chef et Hitler s'est présenté. C'est un peu comme ceux qui attendaient le seigneur, eux aussi attendaient quelqu'un et ça s'adonne que c'est lui qui s'est présenté avec les résultats qu'on connaît.

Toutes les nations attendent un sauveur. L'Irak avec les Américains, c'est la même chose. Ils veulent transformer les États souverains en territoires économiques ouverts dans lesquels les ressources économiques, naturelles, peuvent être pillées, confisquées sous la surveillance du marché libre jusqu'à épuisement des stocks. Ça, ça veut dire jusqu'à la prochaine invasion, jusqu'au prochain débarquement, peu importe dans quel coin du monde, pourvu que les pays riches puissent continuer de s'enrichir aux dépens des pays pauvres. Pour qu'il y ait des riches, ça prend des pauvres. Il y a longtemps que les superpuissances ont compris ça.

C'est pareil pour les Canadiens en Afghanistan, c'est un scandale ça. Il est dangereux, Harper. À chaque fois qu'on a eu, à Ottawa, des premiers ministres qui venaient de l'Ouest canadien, c'était des épais. Diefenbaker, c'était un concombre, pis celui-là... C'est criminel. Les libéraux n'auraient pas fait ça. Mais lui, Harper, il est très proche du milieu pétrolier. Très proche. Il travaillait pour une multinationale du pétrole avant de devenir ce qu'il est devenu. C'est comme ça que nos soldats se font tuer, pour les intérêts économiques américains. On n'a pas d'affaire là pantoute, mais les gens sont tellement mal renseignés, les gens ne lisent pas, les gens ne savent pas, ça fait qu'ils se font manipuler.

C'est tous des bandits aux États-Unis. J'ai lu la vraie histoire des États-Unis. Ils se sont enrichis avec l'esclavage. Ils ont toujours été en guerre avec tout le monde, tout le temps, partout, ça veut dire quelque chose ça. Pourquoi il y a des pays toujours en guerre et des pays qui refusent de la faire? Faudrait peut-être se poser la question une bonne fois pour toute.

Les États-Unis, c'est un pays libre, mais surveillé. Chaque État, chaque ville. Comme à Cuba. Je me promenais dans la Havane, tout à coup, je vois une pancarte : « COMITÉ DE DÉFENSE DE LA RÉVOLUTION ». Je continue plus loin, une autre et une autre, à tous les coins de rue. Partout, tu es surveillé, mais aux États-Unis, c'est pas mieux, c'est pareil dans tous les États. Il y a des bureaux de la CIA qui surveillent. Tous les États sont surveillés. Il y a souvent des révoltes aux États-Unis qui sont réprimées. Y'en a toujours eu, mais on n'en entend pas parler. Y'en a toujours eu, mais personne n'en entend parler, pas un mot sur la *game*. Il y a des grosses grèves. Il y a eu des révoltes qui ont été réprimées par l'armée et les journaux... pas un mot... personne n'en parle. C'est drôle, les Américains, c'est des bandits de la finance...

Les présidents se sont toujours pliés aux directives de ceux que l'on ne voit pas, mais Kennedy, lui, il voulait faire à sa tête. Il avait sa petite idée personnelle. On a vu que ça ne l'a pas mené ben ben loin. Pis l'attentat, on n'a jamais vraiment su par qui ç'avait été commandé. C'est ça, les États-Unis. Ils l'ont descendu, point final.

Quand je suis allé à Santiago de Cuba, j'ai rencontré un jeune qui s'est offert de nous servir de guide. Il était sympathique. Tout à coup : police, papier, pas pour nous autres, les étrangers, mais pour lui, dans son propre pays. Ils l'ont emmené au poste parce qu'il n'était pas supposé être là. Parce qu'à Cuba, tu restes dans ta ville, pis si tu veux aller dans une autre ville, il faut que tu demandes la permission, comme on faisait en Russie, des passe-ports intérieurs, tu ne peux pas te déplacer pis déménager comme tu veux. C'est ça, le communisme. Sous Castro, c'est une centaine de milliers de personnes qui ont été emprisonnées pis fusillées pis tout. C'est un dictateur, lui aussi. C'est pour contrôler, pour empê-cher que tout le monde vienne à la Havane et envahisse les grands centres. En tout cas, il n'avait pas le droit d'être là, le petit gars. C'est partout la police, partout.

Che Guevara, il a fait la révolution avec Fidel Castro, mais Fidel ne voulait pas partager le pouvoir. Le Che était extrêmement populaire, pis ça le dérangeait. Il lui a dit : « Va donc en Bolivie, organiser une petite révolution. »

C'est une très bonne chose que les États-Unis ne possèdent que cinq pour cent du pétrole mondial parce qu'avec la crise envi-ronnementale, ça va peut-être changer des choses. Parce qu'il ne faut pas oublier que c'est l'automobile et la pollution qui sont à la base des changements climatiques. La voiture électrique, ça fait longtemps qu'elle attend de sortir de son tiroir. Si les gens étaient mieux renseignés, ils exigeraient d'avoir des voitures propres. C'est ça qui s'en vient. Ils n'auront pas le choix. On va avoir les voitures électriques.

C'est bien de valeur, mais le réchauffement de la planète, c'est parti. Ils ne pourront plus l'arrêter, pour mille ans, ils ne pour-ront plus rien faire. C'est écœurant.

Ils ne peuvent rien faire, car c'est le pétrole qui contrôle le monde et qu'en plus, c'est lui le grand responsable du réchauffe-ment climatique, qui va amener de plus en plus d'ouragans, de tem-pêtes tropicales, de tsunamis, de sécheresses, d'inondations. Les banquises fondent, l'eau monte, le Groenland, s'il faut qu'il fonde lui aussi, on va avoir de l'eau jusque dans le salon icitte. Tout le monde les pieds dans l'eau. Des terres inondées, il n'y a plus rien qui pousse, tu ne peux pas semer. Le poisson, c'est comme ça, la ressource s'épuise de plus en plus, alors, ce qui va arriver, ça va être le grand braillage, la panique, la famine. Les gens vont se promener en chaloupe et ils n'auront plus rien à manger. Ça va être effrayant. Imagine, en Afrique, avec le réchauffement, c'est déjà dramatique pour trouver de l'eau, les sécheresses, la mort...

Le Bengladesh va disparaître. Où vont-ils aller, ces gens-là? Ils sont soixante millions. Ils vont aller aux Indes. Ils sont déjà un milliard. Pis si y s'en vont en Chine, ils sont déjà un milliard et demi. Ça va être écœurant. Ça va être effrayant. Ici, on ne peut pas accueillir tout le monde.

Parce qu'ici aussi on va connaître la famine. Alors, les gens vont s'entredévorer. Plus de classe sociale, les riches mangent les moins riches qui, à leur tour, mangent les moins riches, qui... Les petits poissons qui se font manger par les gros, c'est vieux comme le monde ça. On n'a rien inventé avec notre science et sa modernité. C'est encore les pauvres qui vont manger la claque.

Obéissance

Ce n'est pas d'Hitler
Qu'il s'agit,
Ni de Staline,
Mais de ceux qui les servirent
Qui renièrent leur conscience
Pour poser des gestes monstrueux,
Menant à l'abattoir des millions
D'hommes,
De femmes et d'enfants,
Les traitant comme aucune bête
Ne fut traitée.
Qui torturèrent, violèrent, firent
Souffrir des enfants sous les yeux
De leurs parents… anéantis.
Non, ce n'est pas d'Hitler qu'il
S'agit, ni de Staline,
Mais de ceux qui les servirent,
Et qui après se justifièrent toujours
Par « l'obéissance »
Quand nul commandement, ordre ou
Devoir,
Ne peut nous dégager de notre
Responsabilité.

Ceux qui ont...

Ceux qui ont
Rapetissé le monde
Ont de l'argent plein les poches.
Leur vision de la vie
Est pleine de profit.
Leur cœur est sans pitié.
Ils ne pensent qu'à eux.
Ne savent rien donner.
Ils sont ici pour prendre,
Pour profiter de tout.
Et le reste? Ils s'en fichent.

Ceux qui ont
Rapetissé le monde
Ont des fusils plein les poches.
Les hommes ne comptent pas,
Ne sont que des marionnettes
Sur les cartes étendues
Où ils bougent les troupes.
Ils restent indifférents
Aux bruits de la souffrance
Et ignorent l'enfant
Qui meurt assassiné.

Ceux qui ont
Rapetissé le monde
Ont des chapelets plein les poches.
Ils ont rabaissé l'homme,
L'ont sali, condamné,
En ont fait un paria,
L'ont clôturé de peurs
Et ont mis en son cœur
Un étrange tourment
Où il n'y a qu'un espoir,
C'est celui de la mort.

Ceux qui ont
Rapetissé le monde
Ont fait naître dans ma tête
Un rêve de justice
Qui, peut-être, ne viendra jamais.

La vis

Quand ils nous l'auront vissée,
Cette maudite vis que l'on a
Dans la tête
Et qui fait que l'on finit par
Détester ceux qu'on aime,
Ceux qu'on aimait,
Pis qu'on a écœuré.

Quand ils nous l'auront vissée,
Cette maudite vis que l'on a
Dans la tête
Et qui fait qu'on est jamais
Contents.
Ce qu'on voulait, on l'a eu,
Pis c'est pas encore ça,
C'est jamais ça.

Quand ils nous l'auront vissée,
Cette maudite vis que l'on a
Dans la tête...
Et qui fait que ça nous prendrait
Un harem, pis celui du voisin.

Quand ils nous l'auront vissée,
Cette maudite vis que l'on a
Dans la tête
Et qui fait qu'il y a des zélés,
Des maudits zélés,
Des *foremans*, des sous-chefs,
Qui se prennent pour le boss
Et qui écœurent les autres,
Pour une petite paye.

Quand ils nous l'auront vissée,
Cette maudite vis que l'on a

Dans la tête
Et qui fait qu'il y a des héros,
Des gros héros,
Qui s'en vont dans des pays
Qu'ils connaissent même pas
Pour massacrer du monde,
Au nom de toutes sortes
De maudits devoirs
De putains de conneries...

Quand ils nous l'auront vissée
Cette maudite vis que l'on a
Dans la tête
Et qui fait que tout le monde
Baise leurs piastres.
Ça c'est ma piastre,
Donne-moi ma piastre,
As-tu une piastre?
T'as pas de piastres!
Mange de la marde!

Quand ils nous l'auront vissée
Cette maudite vis que l'on a
Dans la tête,
On va t'y être ben
Sacrement, qu'on va être ben!

La main dans la poche

La main dans la poche,
Chacun sa monnaie,
C'est la solitude,
La main dans la poche,
C'est c'qui nous sépare
Toute notre vie.
Nous sommes seuls,
La main dans la poche,
Chacun pour soi,
Chacun sa petite vie.
La main dans la poche,
Et lorsque l'on donne,
Et lorsque l'on prête,
La main dans la poche,
Il y a de la gêne,
Il y a un froid,
Tout est difficile,
Y a rien de possible,
La main dans la poche,
Le monde est affreux,
Le monde est perdu,
La main dans la poche,
La peur du lendemain,
La peur toujours nous tient,
La main dans la poche,
Alors on calcule,
On fait attention,
On donne très peu,
Prête prudemment.
Tout notre cœur,
Tout notre cerveau
Ont, sans cesse,
La main dans la poche.
Toute notre vie
Est, toujours, gâchée,

La main dans la poche,
La main dans la poche,
La main dans la poche,
La main dans la poche,
La main dans la poche.

Crimes de guerre

Les hommes dénoncent
Et pleurent toujours
Les crimes de guerre,
Mais laissent intactes
Les institutions par lesquelles
Tout cela fut fait et se reproduit
Sans cesse : Honneur, Devoir, Patrie.

Les militaires

Il me revient comme une hantise
Tous les crimes commis
Par les militaires,
Les hommes de guerre,
Contre l'Humanité.
Ce sont eux qui ont saccagé
Le monde, la vie.
Ce sont eux qui détruiront tout.
Ils sont le malheur et la
Bêtise.
Ils sont le témoignage de
L'Horreur qui est en l'homme,
Qui vient de l'homme.
Ils ont, à travers l'Histoire,
Servi inconditionnellement
Tous les orgueilleux,
Les sanguinaires,
Les assassins,
Sans jamais s'inquiéter.
S'interroger,
Comme si cela ne les concernait pas!
Ils ont brûlé, égorgé.
Éventré, pillé, tout détruit,
Dociles, obéissants,
Sous les plis d'un drapeau
Et l'idéal d'une juste cause.
Ils ont assassiné leurs frères
En révolte,
Au service de tous les rois,
De tous les États.
Les militaires sont l'image même
De l'horreur, du malheur
Et de la bêtise.

Les banques

Au guichet de la banque,
L'homme robot dépose ses
Petits papiers,
Où se limite toute sa vie.
Jour après jour
Ils l'enchaînent au travail,
Lui rapetissent la vue,
Lui grugent la conscience.
Tous ses efforts,
Ses combats,
Sont conditionnés
Par les petits papiers.
Ses espoirs, ses horizons,
Leur ressemblent;
Ses liens, ses amitiés aussi.
Celui qui n'en a point crèvera
De faim;
Celui qui les a tous sera rongé
De tourments;
Celui qui en a peu traînera une vie
Médiocre,
Sans beauté et sans repos,
Achetant les billets de la chance,
Où le hasard
Pourrait le libérer...
Pour l'enchaîner encore plus.

L'HUMAIN

L'espèce humaine n'est pas faite pour survivre. On est des grugeurs de planètes. Il y a des sages qui ont essayé de changer le cours des choses, mais ils n'ont jamais réussi. Ils sont morts avant. Y'a rien qui dit que ce n'est pas nous autres qui avons grugé la planète Mars. Pis qu'avons grugé les autres planètes. Là, on est en train de gruger celle-ci. Pis après, on va aller où? La terre n'est pas faite pour les hommes, point final. Parce qu'on casse tout. On passe et on détruit tout. Je pense que la nature s'est rendu compte, à un moment donné, que le problème humain, ça n'avait pas d'allure. Toujours des guerres, des massacres, la science qu'est tout fuckée. Moi, je pense que la société industrielle a provoqué une réaction chez la nature qui, à son tour, pour se défendre de ses assauts répétés depuis des millénaires, cherche à nous détruire. La société industrielle avec ses cheminées, sa pollution, ça n'a pas aidé. Parce que toi, si tu créais une planète pis que tu avais une gang de morpions qui cherchaient juste à la détruire, pis à la manger, tu ferais pareil.

Les hommes

On dit que la vie est dure,
Quand ce sont les hommes...

Les hommes qui tuent,
Les hommes qui volent,
Les hommes qui trompent,
Qui envient,
Les hommes qui possèdent,
Les hommes qui exploitent,
Qui ont le cœur.

Le cœur qui trahit,
Le cœur qui complote,
Le cœur qui commande,
Qui assassine,
Le cœur qui ment,
Le cœur qui prend,
Le cœur qui garde,
Tout pour lui… tout pour lui.

Le cœur qui est dur,
Dur pour les autres,
Dur pour l'argent,
À l'enfance,
Dur à l'amour.
Le cœur raciste... égoïste...
Sanguinaire.

On dit que la vie est dure,
Quand ce sont les hommes.

Dans la tête des hommes

Dans la tête des hommes,
Qui sait ce qu'il se passe?
Dans la tête des hommes,
Moins connue que l'espace.

Il y a de l'amour,
Beaucoup plus que l'on pense,
Mais la lutte des jours,
Éternelle défense,

Pose tant de problèmes
À la bonne conscience,
Mais faut souvent quand même
Frapper pour l'existence.

Dans la tête des hommes,
Il y a de grands rêves,
Quand ils en font la somme,
Bien peu qu'ils parachèvent.

L'espoir, est-ce un mensonge?
À l'heure régulière
Agrémente leurs songes
D'éclatantes lumières.

Il y en a qui patientent
Mais d'autres qui se lassent
D'un fleuve qui serpente,
Englouti dans sa vase,

Dans la tête des hommes,
Il y a la folie
Des guerres qui consomment
Et les hommes et la vie,

Puis il y a encore
L'immense solitude
Aussi devant la mort,
L'éternelle inquiétude.

Dans la tête des hommes,
Même les plus moroses.
Dans la tête des hommes,
Il y a aussi des roses,

Les roses de l'enfance,
Une maison, une mère,
Un jardin, des vacances.
Que c'était beau naguère!

Dans la tête des hommes,
Il y a un empire,
C'est l'empire de Rome,
Des regrets qui déchirent.

Et jusqu'au dernier jour,
L'empire de l'amour.
Ah! le besoin d'aimer,
D'aimer pour s'oublier!

Conscience universelle

Ne restez pas indifférents
À la misère du monde,
Ne restez pas indifférents,
Une catastrophe gronde.

Vous vous devez de vous arrêter,
Vous vous devez d'écouter,
La rumeur des pays exploités,
Des pays affamés,
Par le grand capital
International.

Car le problème de la faim,
De la surpopulation,
Et aussi de la pollution,
Ce sera demain le vôtre.

Le problème des forces de l'ordre
Qui torturent et qui tuent,
Ce sera peut-être demain,
Demain aussi le vôtre.

Ne restez pas indifférents
À la misère du monde,
Ne restez pas indifférents,
Une catastrophe gronde.

Le bon peuple

C'est le bon peuple qui supporte tout.

Toute l'histoire du monde sur le dos du bon peuple. Le bon peuple… c'est la vie.

C'est lui qui la conserve… qui la fait marcher… patiemment… à travers le temps… dans ses manifestations les plus simples… les plus vraies… les plus nécessaires : le travail… l'amour… la famille. D'abord… le travail. Je me demande bien, moi, qui aurait bûché… labouré… semé le blé pis pêché le poisson si le bon peuple ne l'avait pas fait. S'il avait fallu attendre après les finfins en tout genre… les grosses bolles pis les haut placés… Y'a longtemps qu'on aurait crevé de faim. Mais le bon peuple était là. Ça fait qu'il faisait le pain… le beurre, il tissait, il allait chercher le charbon jusque dans le fond de la terre.

Y'est pas ben ben instruit le bon peuple, mais c'est quand même lui qui fait le nécessaire. Tenez… l'hiver… quand y'a des tempêtes… 30 pouces de neige… pis que le bon peuple décide de ne pas passer les charrues tout à coup… tout le monde est fourré.

Pis quand le bon peuple décide de ne pas décharger les bateaux… y'a pu rien qui marche. Pis quand le bon peuple décide de bloquer une usine… le patron… il ne peut pas la faire marcher tout seul. Ça fait qu'il appelle la police.

La police aussi, c'est le bon peuple. C'est le bon peuple sur le trafic… un accident… une enfant perdue… un chat dans un arbre… (Non… ça, c'est les pompiers) ou bien aller chercher un malade… mettre un enfant au monde.

Mais, quand y'a des grèves… qu'elle prend le bord des patrons… pis qu'elle fesse sur les ouvriers… je dirais que le bon peuple a ses moutons noirs.

Oui… je me demande bien ce qui serait arrivé s'il avait fallu attendre après les boss pour couper les arbres… ouvrir les chemins pis poser les tuyaux d'égout.

Ces jobs-là, c'est tout sur le dos du bon peuple. Ils appellent ça « les p'tites jobs »… OK… mais n'empêche que s'il n'y avait pas des gars pour les faire, on serait tous dans la marde. Les grosses *business*… les gros *rackets*… c'est peut-être payant… mais ça marche pas longtemps quand y'a pas un gars pour ramasser les vidanges.

Oui… c'est le bon peuple qui supporte tout. Tout le monde sur les épaules du bon peuple. C'est lui qui paye, comparativement, le plus de taxe… le plus d'impôt. Rien qu'en achetant… trois petites bébelles… toutes les semaines… au 15 cennes… Le bon peuple fait marcher le pays… le gouvernement… toute la patente. Trois petites bébelles… c'est pas grand'chose… mais quand ils sont 10, 15 millions à faire pareil… ça fait ben des petites bébelles… ça fait ben des taxes. S'il avait fallu attendre après les gros pour acheter des petites bébelles… y'a longtemps que le pays aurait fait faillite. Eux autres, ils achètent rien que des grosses bébelles : un yacht… un manteau de vison… des diamants… et ben souvent c'est même pas taxé, c'est pas ça qui fait marcher un pays. C'est le bon peuple qui supporte tout.

La guerre, tient!

Qui cé qui la fait cette maudite guerre-là? Qui cé qu'on envoie se faire tuer à coups de pied dans le cul? Le président de la General Motor, je suppose? Pis le gérant général de la « Food empoisoning corporation »? Non… c'est le bon peuple… Toujours le bon peuple. Pis quand la guerre est finie… on élève un petit monument au « bon peuple inconnu », « À tous ceux morts à la guerre 39-45 ». Tous ceux.. ça… c'est Albert Labrie… Joseph Plamondon… Auguste Rancourt… mais ça, personne ne le saura jamais.

Mais le Général Taylor qui était dans son quartier général... qui donnait des ordres au Colonel... qui les donnait au capitaine... pis qui a pris sa retraite avec la médaille de l'Empire... lui son nom va passer dans l'histoire... gros comme ça. (*Comme à l'école* :) Qui c'est qui a gagné la bataille de la grosse motte? — Le général Taylor. Mais Albert Labrie qui s'est fait tuer en faisant sauter la grosse motte... son nom est passé dans le beurre pour l'éternité.

Ah oui! c'est le bon peuple qui supporte toute la misère... l'injustice... la guerre. La guerre! C'est pas qu'il est méchant, le bon peuple. Y'a pas le goût de tuer personne. Mais il se laisse embarquer. On lui raconte des histoires et puis il y croit. Ou bien... il a peur... il n'ose pas dire non... c'est ben compliqué.

C'est le bon peuple qui supporte tout. C'est lui qui a les grosses familles. Ben des « accidents »... mais il ne pouvait pas faire autrement. La famille... le flambeau de la famille... c'est toujours le bon peuple qui l'a porté. Ça fait qu'il les élève du mieux qu'il peut. Ces jeunes-là... ça va pas toujours à l'université... mais ça ne fait rien... ils apprennent en regardant faire leur père... leur mère... ils se chicanent entre eux autres... Ils reçoivent un bon coup de pied dans le cul... pis ils arrivent dans le monde avec quelque chose dans le cœur. Ils ne sont pas parfaits... non... mais ils ont quelque chose d'humain.

Ah non! il n'est pas parfait, le bon peuple. Des fois y'est voleur, le bon peuple, menteur... ivrogne... putain. Le péché originel... il l'a dans le sang. Mais souvent c'est la misère qui fait ça... Ou bien le mauvais exemple. Il voit ceux qui sont supposés être plus fins que lui... voler... empocher... exploiter... rapace... hypocrite... même ceux qui lui parlent du bon Dieu. Ça fait qu'il fait pareil. Mais ça, c'est la petite moyenne. Y'en a ben plus là... qui sont corrects... que n'importe où ailleurs. On voit rien que les méchants... parce qu'ils sont plus voyants... Mais le bon peuple porte le monde en silence.

Ah oui... c'est le bon peuple qui supporte tout. Même l'amour. Ce n'est pas facile, l'amour... mais le bon peuple y arrive, lui. Beau temps... mauvais temps... toute une vie... à deux. Pis l'amitié... la fraternité... c'est chez le bon peuple que vous la trouverez : vivante... chaleureuse... éternelle. Ah oui... c'est le bon peuple qui supporte tout. Le bon peuple... c'est la vie.

LES ZÉLÉS

Les zélés, ce sont eux qui tiennent les régimes. Ils leur donnent une petite casquette. Ils leur donnent des petits galons, pis c'est eux autres qui tiennent le régime. Ces régimes-là, ça tient à cause des policiers, de la répression, des zélés. Ce sont eux autres qui ont tenu Hitler. L'Allemagne, ce n'était pas un pays libre. Il y avait de la police partout. En Russie, quand on lit *L'Archipel du Goulag*, de Soljenitsyne, c'est pas croyable tout ce qu'ont pu endurer ces gens-là, sous des régimes aussi cruels. C'est effrayant. Ça dépasse l'entendement. Mais Staline n'a pas pu faire ça tout seul. C'est à cause de tous les zélés pis le sous-peuple. Aujourd'hui, c'est encore pareil, partout dans le monde, c'est les mêmes qu'avant sauf qu'ils ont changé leur étiquette, on appelle ça la mafia, en Russie.

Moi, j'ai lu des livres à décourager un éléphant. Chu pas encore découragé parce que je suis pas encore trop gros, mais je pourrais.

Soljenitsyne, il a été enfermé dix ans dans les camps de concentration en Sibérie, c'est pas croyable d'avoir pu survivre à ça. La Russie, c'est une immense prison, il y avait des centaines de camps. Staline, c'était un paranoïaque qui voyait des ennemis partout. Alors, il a inculqué ça au pays, ce qui fait que tout le monde s'épiait, se dénonçait. Il y en a des millions qui ont été condamnés aux camps de concentration, aux travaux forcés, pour cinq, dix, quinze ans, vingt ans. En Sibérie, dans des cabanes au froid. Mais le régime s'en fout, puisqu'on les envoie là pour mourir et que c'est presque un miracle de pouvoir survivre à un pareil régime inhumain. Lui, je ne sais pas comment il a réussi à se sortir de cela. Quand il est arrivé aux États-Unis, il est passé devant le Congrès et il a dit : « J'ai été dans le ventre du dragon. » Ça n'a pas de sens. Tu lis ça et tu te dis que ça pourrait se produire ici. N'oublions pas ça.

Heureusement, on a la constitution. C'est important une constitution. La démocratie, ce n'est pas parfait, mais c'est le mieux.

Des zélés, y'en a partout. C'est plein de tortionnaires pis de fonctionnaires, pis de petits espions, de dénonciateurs, y'en a partout. Mais comme on vit dans un pays libre, ils ne peuvent pas trop se manifester, mais ne leur donne jamais l'occasion de se manifester parce que, tout à coup, ton voisin, que tu pensais connaître, tu vas voir que ce n'est pas celui que tu pensais.

Prends les motards. Penses-tu que ça ne ferait pas des beaux S.S., les motards?

Quand Hitler a pris le pouvoir, en 1933, dans les mois qui suivirent, tous les journalistes de l'opposition, les syndicalistes, tous à Dachau… Il s'est fait fourrer, le peuple allemand. Il avait besoin d'un chef. La propagande. Il l'aimait vraiment, Hitler. Il avait confiance en lui. D'ailleurs, il a remonté l'économie de l'Allemagne en donnant de l'ouvrage à tout le monde. Il a construit, il a fait plein d'affaires au début, mais c'est après que ça s'est gâté.

L'Allemagne était pognée. Quand Hitler est arrivé, ils ont vu en lui un sauveur. Il soulevait les foules. Il avait du charisme. Il a donné des maisons sur le dos des pays conquis, pour une fois les Allemands mangeaient bien, le peuple ne se méfiait pas de sa folie. Tout semblait bien aller. C'est justement à ce moment-là qu'il faut commencer à se méfier.

Là, la répression a commencé discrètement. Il a brisé les syndicats en envoyant les chefs pour vingt ans à Dachau. Il a commencé à supprimer les malades, les fous, parce que ça coûtait trop cher à l'État et ça s'est su, alors il a arrêté ça.

Les anciens S.S. disent que ce sont les circonstances. N'importe qui dans les mêmes circonstances aurait fait pareil. Ils ont menti, ce n'est pas vrai. Rien ne peut excuser de tels gestes. Ils essayent de s'excuser. Ils descendaient dans les tranchées qu'ils avaient fait creuser par leurs victimes par-dessus le marché et, là, ils les mettaient debout et les mitraillaient. Après, l'officier S.S. descendait dans la tranchée et ceux qui bougeaient encore, il leur tirait une balle. Ils tuaient tout le monde. Qui mangent de la marde avec leurs circonstances. Ce sont des assassins.

Après la chute du communisme, en Russie, il y a bien des chercheurs nucléaires, des savants sans salaire, qui ont vendu de l'information pour fabriquer la bombe atomiqur. C'est inquiétant ça parce qu'on ne sait pas où c'est rendu, ces recettes de destruction. C'est rendu où, ça? C'est de même qu'on parle tout le temps de bombe atomique.

Ce qui va arriver à environ quatre-vingt-dix-neuf point neuf pour cent, c'est qu'il y a une bombe atomique qui va exploser aux États-Unis, ça c'est sûr. Pis ils le savent en plus. Là, ça va être écoeurant. Ils vont tous mettre les Arabes dans des camps de concentration, comme à Guantanamo; mais se venger serait difficile. Ils ne pourraient pas jeter une bombe atomique sur l'Iran parce qu'Israël et la Russie ne sont pas loin.

S'il y a des fous qui font cela, ils ne doivent pas se venger sur les peuples. Les peuples, ce n'est pas de leur faute. C'est toujours les populations civiles qui paient. Pensons à Hiroshima. Les pauvres Japonais, ce n'était pas leur faute. Ils n'y étaient pour rien, eux autres. Le pouvoir engendre la folie humaine, menant tôt ou tard à la destruction. Dommage qu'à travers l'Histoire de l'Humanité, l'homme n'ait pas appris de ses erreurs.

Les archipels

Il y a par le monde, il y a par le monde
Des archipels, des archipels
En Russie, au Chili,
Et bien d'autres pays,
Où des hommes
Sont emprisonnés,
Torturés,
Et pendant de longues années
Ne sont plus que des esclaves
Parce que ces hommes
Ont des idées,
Ou simplement
Ne plaisent pas.

Il y a par le monde, il y a par le monde
Des archipels, des archipels
Qui sont gardés
Par des soldats,
Des policiers,
Qui viennent du peuple aussi
Et oppriment leurs frères.
Au service des États
Cruels et sans conscience (bis)
Ces archipel's
Ne seraient pas,
S'il n'y avait pas des hommes
Pour faire ce boulot.
C'est d'une part les coupables,
C'est d'une part les coupables,
Et le malheur.

Le miracle

Si vous ne voyez pas le miracle,
Mais qui donc le verra?
Si vous ne voyez pas que toute la création
Est peut-être unique dans l'espace,
Mais qui donc le verra?
Si vous ne comprenez pas que tout l'ordre naturel est
global,
Fragile,
Et doit être respecté,
Mais qui donc le comprendra?
Si vous ne comprenez pas
Que vous êtes les possesseurs d'un trésor sans prix,
Qui vivra si vous le faites vivre,
Qui mourra si vous le faites mourir,
Mais qui donc le comprendra?
On vous a donné une horloge.
Vous êtes les horlogers.
On vous a donné un joyau.
Vous êtes les joailliers.
Tout est entre vos mains.
Ce dont ce que vous ferez, sera.
Tout est dans votre cœur :
Ou la vie, ou la mort.
Vous avez la responsabilité du monde.
Ne le savez-vous donc pas?
Si vous ne comprenez pas
Que la vie vous a été donnée
Pour que vous soyez heureux,
Mais qui donc le comprendra?

Si vous ne réalisez pas que le malheur vient de vous,
De vos actions,
De vos pensées,
Mais qui donc le comprendra?
La vie n'est pas marchandage,

Division,
Ambition
Ou conquête.
La vie doit être admiration,
Participation.
Une prière d'amour et de joie.
Le travail pour le fruit,
Non pour l'argent.
Si vous ne comprenez pas
Que vos maîtres vous ont enchaînés,
Ont fait de vous des esclaves,
Vous volent vos vies,
Mais qui donc le comprendra?
Si vous ne voyez pas que l'esprit
mauvais s'est emparé de tout,
que le baptême est un pacte
Pour le combattre et l'anéantir,
Mais qui donc le comprendra?

Kommandantur

À ceux qui à la guerre
Torturent,
Mitraillent,
Bombardent au napalm,
Aveuglément,
Tuant
Femmes et enfants,
Sous le prétexte de servir
Leur patrie,
De faire leur devoir,
Je dis ceci :
Rien ne peut nous détacher
De nos actes,
Nous sommes toujours
Responsables,
Individuellement,
Devant Dieu
Et devant les hommes.

L'Église a trahi
De n'avoir jamais condamné l'appel
Du chrétien sous les armes,
D'avoir ménagé les puissants
Au détriment de la parole.
D'avoir joué du péché
À tout propos,
Sauf là où il le fallait,
Où cela aurait été si important
Elle avait comme mission
De changer le monde,
Non pas de s'accorder avec l'argent,
Les puissances,
Et la guerre.
L'Église a trahi.

Les militaires
Sont le déshonneur de l'humanité.
Leurs aventures sanglantes,
Inutiles,
N'ont rien apporté à l'homme
Et ne l'ont surtout pas ennobli.
L'histoire s'est trompée
De leur faire un triomphe.
De les louanger.
De chanter leur valeur.
Tous ces monuments
Rappelant leurs massacres
Sont des tombeaux,
Des charniers,
Où traînent la mémoire de ceux
Qui n'ont rien fait d'autre
Que détruire la vie.

La bêtise
C'est le malheur.
Partout où il y a un drapeau
Qui divise les hommes,
Une patrie
Qui rapetisse leur vision,
Des mots
Qui les font marcher
Au-delà de leurs forces,
Pour tuer et mourir,
Il y a là une forme de la bêtise
Qu'il faut combattre,
Car elle porte la mort
Et la fin de l'homme.

Où est la civilisation
Quand le voisin que je croise à ma porte,
Bien mis, poli, honnête travailleur,

Sera demain, quand la haine l'emporte,
Sous d'autres cieux, un enragé, un tueur?

Où est la civilisation
Si le chrétien que je croise à la messe
Peut devenir, quand ses chefs lui diront,
Un assassin, sacrifiant sa jeunesse
À obéir sans poser de question?

La guerre n'est pas un métier,
Qui le croit n'a pas de conscience.
L'homme est fait pour développer
La richesse de l'existence,
Mais non pas pour semer la mort.
Car la mort sait prendre soin d'elle
Quand le temps a usé son sort.
Il n'a pas à mettre d'échelle.
Il est la vie, doit la sauver.
La guerre n'est pas un métier.

Il faudra bien sans pleurs
Démystifier l'honneur
Du soldat.
Il n'y a pas d'honneur
Ni devoir, ni valeur
À cela.
Le soldat est trompé
Et se laisse tromper
Pour ne pas
Avoir à refuser
Quand on vient le chercher
Pour le pas.
Son geste est lâcheté.
Il croira s'en tirer
Et là-bas
C'est un pauvre robot

Qu'un hommage au drapeau
Saluera.

Il n'y a ni tourments, ni mystères,
Nul n'est tenu de servir la guerre.

La part du cœur

Ne cherchez point à comprendre
D'où vient le monde,
Où va le monde,
Vous vous éreinterez à trouver
Mille réponses.

L'injustice vous fera souffrir.
Le mal vous laissera battu.
Mais aussi grande que soit votre
Inquiétude
N'oubliez jamais
Qu'avant tout, malgré tout,
La part de Dieu
C'est la part du cœur.

Au fond du chaos

Au fond du chaos
Y'a les nantis,
La bourgeoisie,
La maudite bourgeoisie,
Sangsue.
Mangeuse d'hommes,
Égoïste.
Grande créatrice
De la misère,
De l'injustice.
Au fond du chaos
Y'a la politique
Et ses hommes,
Fourbes, serviles,
Petits chefs ambitieux,
Orgueilleux,
À la conscience
Pleine de détours.
Au fond du chaos
Il y a la science
Au servicede la guerre.
Au fond du chaos
Il y a les serviteurs de la foi,
Qui en ont fait un palace d'or
Où se sont rassemblées
Toutes les petitesses du monde entier.
Au fond du chaos
Il y a les justiciers
Qui tuent pour un monde meilleur.
Au fond du chaos
Il y a les révolutions
Volées par les oppresseurs.
Au fond du chaos
Y'a les valets du fusil,
Les ordres criminels

Auxquels ils obéissent
Inconditionnellement.
Au fond du chaos
Il y a les hommes,
Toutes sortes d'hommes.
Hypocrites,
Voleurs,
Rapaces.
Au fond du chaos
Il y a l'histoire du monde,
Les crimes sans fin,
Le désespoir,
L'impossibilité de tout.
Au fond du chaos
Il y a une fleur par-ci,
Un coucher de soleil par-là,
Quelquefois un amour sincère,
Un geste généreux,
Au-dessus d'une mer d'immondices.
Perpétuer la vie
C'est perpétuer le malheur.
« Allez et ne vous reproduisez plus! »
Amen

La torture

Celui que l'on torture
Est abandonné de tous.
Il est seul avec ses
Bourreaux,
Dans une pièce sans fenêtre,
Dans une cave
Ou une cellule.
Pendant qu'il hurle
Sous les coups
Et subit des sévices sans nom,
Dehors,
Dans la rue,
Les gens vont à leurs
Occupations,
Les hommes d'argent continuent
À comploter,
Et le Parlement à siéger.
Pendant ce temps, le torturé
Hurle et meurt.
Pourtant nulle force policière
Au monde
Ne pourrait tenir cinq minutes
Si, quand un homme est torturé,
Tous se levaient,
Tous dénonçaient.
Mais l'indifférence des uns
Envers les autres
Permet que des hommes soient
Torturés,
Que d'autres meurent de faim
Et certains… de désespoir.

LES SANS-ABRI

Je trouve ça incroyable, dans notre société, qu'on laisse vivre les jeunes dans la rue. C'est un non-sens. Le gouvernement devrait leur offrir au moins des abris. Comment est-ce qu'ils font, eux autres, pour coucher dans la rue, en plein hiver? Sacrament, je ne comprends pas. Ils couchent dans la rue, mangent dans la rue, font tout dans la rue et les gens passent à côté d'eux en les ignorant. Dans quelle sorte de société vit-on?

À Paris, les clochards qui sont sur le trottoir, les gens passent et ne les voient même plus. C'est une forme de barbarie ça aussi de laisser des gens coucher dans la rue, comme des animaux. C'est comme ça qu'on entretient les classes sociales : les riches en haut, les biens nantis au milieu, pis les trous de cul en bas. C'est l'argent qui fait ça, les classes sociales, pis la culture. Les gens plus riches ont plus de chances de s'instruire, de se cultiver. Ceux qui sont en bas ne peuvent pas s'instruire, trop occupés à survivre, ils apprennent le minimum, c'est tout. C'est le manque de charité chrétienne qui est à la base de toutes les injustices sociales, raciales. C'est ça qu'Il a voulu enseigner : la foi, l'espérance et la charité, les trois bases de la religion.

Au moins, il y a des organismes de charité. Dan Bigras fait un bon travail. Il a connu ça lui aussi, la rue. C'est bien ce qu'il fait. Il s'occupe des démunis, au moins il fait quelque chose en organisant des spectacles et des événements autour de la cause. Je l'admire beaucoup, car il a une conscience sociale. Mais, moi, je ne suis pas organisateur. Je donne ce que je peux. J'aurais dû faire comme Dan Bigras, mais je n'étais pas capable. J'étais pogné dans la boisson pis je ne pouvais pas faire d'autres choses. La boisson, c'est un esclavage parce que tu es toujours malade. Pour être malade tous les matins, ça prend une bonne santé. On s'habitue à vivre de même.

La boisson, c'est le découragement, la révolte. Les alcooliques sont des gens révoltés. Ils n'acceptent rien, rien. Ils sont contre tout. Comme ils peuvent rien changer, ils boivent. C'est un espèce d'assommoir. Les gens boivent pour s'assommer, parce qu'ils sont mal dans leur peau, qu'ils ne s'acceptent pas. Ils sont en révolte, alors ils boivent.

La drogue, c'est encore pire. C'est terrible. Je ne sais pas comment ils font. Moi, quand j'étais dans des cliniques de désintoxication, on était ensemble, les alcooliques et les drogués, mais pour eux, c'est vraiment un autre monde. On les assoie sur une chaise et ils ne peuvent plus bouger. Ils sont comme ça. Il faut les aider. On leur donne à manger à la cuillérée. C'est effrayant. Ils n'arrivent pas à dormir dans leur lit, alors, la nuit, ils dorment le long des murs dans le passage. Ils sont jeunes, de beaux jeunes intelligents, pognés là-dedans. Pis, ça coûte cher, la drogue. Dans le fond, la boisson, c'est moins pire que la drogue. C'est pas drôle, mais je suis chanceux de ne pas m'être pogné dans la drogue. J'ai des amis qui, eux, se sont fait prendre là-dedans. Mon *chum* Deyglun m'avait dit : « Raymond, touche pas à ça. Tu n'as pas la tête assez solide. » Lui, il s'est embarqué là-dedans, vers la fin.

Carré Viger

Carré Viger, Carré Viger
T'as une bien drôl' de réputation
Avec tes vagabonds
Qui se collent à ton nom
Carré Viger, Carré Viger
J'me souviens quand j'étais un p'tit garçon
Au temps d'la dépression
Le soir dans le salon,
J'écoutais les grands parler
De la misèr' des quartiers
De ceux qui allaient coucher
Sur le gazon du Carré Viger.
Carré Viger, Carré Viger
C'est comme ça que je t'ai connu
Carré des gens perdus
De tous ceux qui couchent dans la rue.

J'ai grandi depuis
Et j'ai mieux compris
Que parfois dans la vie
Si ça ne va pas
C'est pas qu'on veut pas
Mais la chanc' n'est pas là.
À tous ceux qui se disent que sa misère
On la fait soi-même sur l'terre.

Carré Viger, Carré Viger
Toi qui as vu tant de vagabonds
Tant de pauvres garçons
Toi qui sais, dis-leur donc.
Carré Viger, Carré Viger
Dis-leur donc que tous ces gens déchus
Ne l'ont pas tous voulu
Qu'ils ont été vaincus.
Bien souvent, encore enfant,

Par une jeunesse trop dure
Ou par une époque de sang
Où ils n'ont pas été assez durs
Carré Viger, Carré Viger
Dans le fond, inutile de parler
Les gens sont sans pitié.
Il n'y a pas de place pour les ratés
Tu l'sais bien, Carré Viger.

Carré Viger, Carré Viger
T'as une bien drôle de réputation
Comme tous ceux qui ont
Le cœur comme un brouillon.
Carré Viger, Carré Viger
Ne polis pas ton éducation
Car avec des leçons
Tu d'viendrais un carré de salon
T'es si vrai comme ça.
Ne change pas.

Le chômage

Je suis sur le chômage,
Depuis bientôt six mois,
Et ça prend du courage
En mozeus, croyez-moi.
Quand on n'a plus un sou,
Pour joindre les deux bouts,
On emprunte de l'argent,
On en a pour longtemps.

(Refrain)
Les intérêts, les intérêts,
Ça fait l'affaire des banques.
Les intérêts, les intérêts,
Plus ça dur', ça augmente.

Sur la rue Saint-André,
On est plusieurs de même,
On essaie d'être gais,
Mais on a des problèmes.
On se dit que demain,
Ça prendra peut-être fin,
Pour essayer d'toffer,
On espère en René. *(refrain)*

Avec l'automation,
Une autre complication,
J'vous dis que l'IBM,
C'est pas nous autres qui l'aime.
Ces maudites machines-là
Ça remplacent dix gars,
Mais nous autres, c'est dommage,
On mang' pas du filage. *(refrain)*

J'sais pas c'que l'avenir
Réserve à nos enfants,

Mais comm' j'vois ça venir,
Ça m'tracasse en dedans.
J'espèr' qu'y auront l'courage,
De faire un nettoyage,
Et s'il le faut torvisse,
« Vive le socialisme. »

On travaille pas pour des peanuts

Nous autres on est tannés
Les écœurants, les écœurés,
De travailler pour des peanuts
Et puis de manger de la schnotte,
On veut de l'argent sacrement,
On veut s'ach'ter des belles affaires,
Avoir un bel appartement
Un frigidaire plein de bières.
Am'nez-en des sous et des piastres
Dans nos poches il y'a de la place,
Nous pouvons y mettre de l'or
Et aussi deux, trois coffres-forts.
Quand on bosse pour des peanuts
On fait des vies de broche à foin,
Passant notr' temps entre deux portes
Et pis on va jamais plus loin.

Ce n'est pas pour nous les voyages,
Les avions pis les bagages,
L'plus loin qu'on va Sainte-Binette
C'est pour s'ach'ter des cigarettes.
On a vraiment une vie de chien
Entre le travail et les voisins,
Quand on travaille pour des peanuts
C'est pas l'bonheur qui nous tripote.

Oùs-qui-lé c'te maudit argent
On aim'rait ben y voir la face,
Pour se paqu'ter de temps en temps
Avec d'autr' chose que deux piastres.
Où est-ce qu'il cache le foin,
C'est-y dans le fond d'un jardin?
Pour manger à son appétit
Il y a-t-il une confrérie?

Où est-ce qu'ils sont les bidous
On en voudrait nous autres itou,
Car on est tannés Sainte-Barbotte
De travailler pour des peanuts.
Si vous ouvrez pas le tiroir,
On va tout casser mes taboires,
Et mettre le feu mes crottés
Même sur vos beaux lacs privés.
On va vous montrer qu'on existe
Et puis vous enseigner à vivre,
Vous allez voir Sainte-Bénite
Que le bout' du bout' ça arrive
Et qu'on en a plein la pensotte
De travailler pour des peanuts.

L'erreur

Ce n'est pas d'avoir fait l'homme
Qui est une erreur,
Il faut le dire, en somme,
Il a sa valeur.
Le courage lui sied bien,
Il ne craint point l'aventure,
Et dans l'effort quotidien
Il sait donner sa mesure.
De ses mains il peut bâtir,
Ou sculpter la dure pierre,
D'une toile il fait surgir
Des montagnes de lumière.

Ce n'est pas d'avoir fait l'homme
Qui est une erreur,
Il faut l'avouer, en somme,
Il a un bon cœur.
Voyez-le sur les chemins
Secourir un misérable,
Abriter un orphelin,
Ouvrir sa porte et sa table.
Et ses sous, toute sa vie,
Qui l'empêchent de dormir,
Devant l'enfant qui mendie
Sauront se vaincre et s'ouvrir.

Ce n'est pas d'avoir fait l'homme
Qui est malheureux,
Car il est bien la somme
De l'œuvre de Dieu.
La manière vient du feu,
De l'eau la première vie,
Et que de temps à ce jeu,
Pour une seule fourmi.
Que de temps pour une peine,

Que de temps pour un bonheur,
Un air qui chante la Seine,
Ou un marin bagarreur.

Ce n'est pas d'avoir fait l'homme
Qui est une erreur,
Il faut le dire, en somme,
Il a sa valeur.
Non! Ce qui est malheureux
C'est d'en avoir fait... deux.

LA BOISSON

Mon père, c'était un grand éditeur, il avait fondé une maison d'édition : Les éditions Albert Lévesque. Il a été le premier à publier des auteurs québécois, Alfred Desrochers, Lionel Groulx et bien d'autres. Son aventure comme éditeur a duré douze ans, de 1925 à 1937. Après, il a fait faillite et s'est retrouvé comme fonctionnaire pendant quatre ans, à Québec, mais il n'était pas capable de vivre dans ce milieu-là. Il est parti pour Montréal et, là, il a eu de la misère, pas d'ouvrage. C'était dur parce que mon père était en dépression et ma mère, malade tout le temps. Elle est morte du cancer à quarante-deux ans. Ça faisait une ambiance familiale difficile et ils m'ont mis dans une école de fou, l'école Olier. Je suis sorti de là en huitième année. J'étais vraiment découragé, pis je voulais pu rien savoir. Je pensais rien qu'à me suicider... Ça allait mal.

C'est là que j'ai commencé à boire. Quand on est en boisson, on a moins peur, je me sentais moins écrasé. Heureusement que j'ai eu la boisson parce qu'autrement, je n'aurais pas vécu. La boisson m'a aidé à survivre, à dépasser ma gêne, à aller vers les autres, à foncer, mais après... j'étais poigné... On se poigne. C'est sournois l'alcool. Ça te poigne tranquillement, pis tu t'en rends pas compte, pis en fin de compte, il faut que tu boives le matin, pis la nuit, pis tout le temps. Tu viens que tu en as partout, même dans la chambre, parce que la nuit si tu te sens mal, tu vas où? Tout est fermé.

Une fois, j'ai pris le train Paris-Marseille. Il y a toujours un bar sur le train, et cette fois là, il n'y en avait pas. Paris-Marseille. Dix heures, pis rien à boire. J'étais malade. Je pensais à me jeter par la portière tellement j'étais mal et, à la fin, je me suis enfermé dans les toilettes. J'en ai arraché, que j'en ai arraché. Quand je suis arrivé à la gare Saint-Charles, ting, j'ai couru au premier bar que j'ai vu pis... toung, dans le trou du cou. C'est un esclavage parce qu'il faut toujours que tu penses à ne pas manquer de boisson.

Ça m'a pris du temps pour m'en sortir. Ç'a été long. J'ai fait les A.A. C'est bon, les A.A., parce qu'ils nous amènent à accepter, puisque l'alcoolique n'accepte rien. Il est toujours contre tout. Ils ont une belle prière pour nous aider à accepter les choses qu'on ne peut changer et changer ce que l'on peut. Ils nous replacent le bol... tranquillement, mais c'est très long. Il y en a qui accrochent tout de suite, mais il y en a d'autres, comme moi, c'est rechute par-dessus rechute par-dessus rechute. À un moment donné, ils ne s'occupaient plus de moi. Ils me laissaient aller, comme je slippais tout le temps, ils ont démissionné.

Quand je me suis cassé la jambe, il y a quelques années, j'ai été trois mois à l'hôpital et, comme à l'hôpital il n'y avait pas de boisson, ça m'a aidé à accepter, à me défaire de mon habitude. La maladie de l'alcool, c'est l'obsession mentale, une idée fixe. Il y a des jours où tu ne peux pas sortir, car si tu sors, tu vas entrer dans les bars. Quand tu marches dans la rue, tu fais attention de ne jamais passer devant une taverne ou un bar. Il faut que tu changes ton itinéraire parce que, même si tu ne veux pas, tu entres. C'est ça l'obsession mentale, l'idée fixe, c'est difficile à vivre en crisse ça. Ben c'est parti, ça, à l'hôpital. Il était temps que j'arrête. J'avais soixante-quatorze ans. Pis j'ai négligé les enfants. Quand tu te lèves, ils sont partis à l'école pis quand ils reviennent de l'école, c'est toi qui es parti à la taverne. Ça fait que tu ne les vois jamais…

Je crois que l'on naît comme ça. Bien sûr, la situation familiale influe, mais c'est dans nos natures, je crois bien. On naît révolté. On n'accepte pas. Ça fait qu'on se fait la vie dure, à soi et aux autres.

Le vin

Le vin a un goût de malheur,
D'enfance abandonnée,
De parents déchirés,
De jeunesse triste et perdue.
Le vin a un goût de complexes,
De ceux qui sont mal dans leur peau,
Qui ne s'aiment pas
Et croient que personne ne les aime.
Le vin a un goût de difficultés,
De problèmes d'argent,
De travail,
Des petits soucis quotidiens
De ceux qui ne s'en sortent pas.
Le vin a un goût de solitude,
De ceux qui égrènent les heures
En rêvant de bonheur,
D'âme sœur
Qui ne vient jamais.
Le vin a aussi le goût de ceux
Qui n'ont pas su s'aimer.
Le vin a le goût de la mort
De l'inévitable,
Qui approche petit à petit
Chaque jour.
Alors on se met à songer
À tout ce que l'on a perdu,
Ce qui ne reviendra jamais.
Le vin a un goût de « si » :
Si j'avais su...
Si j'avais eu...
Si... si... si...
Tous ces « si » qui nous trottent
Dans la tête!
Le vin a un goût de malheur,
Le vin a un goût de tristesse.

Noyer son cafard

Si tu ne m'aimes pas
Alors que fais-tu là
Dans ma vie
Si c'est pour t'amuser
Que tu me fais pleurer
Simplifie
Arrache-moi les yeux
Ou le cœur si tu veux
Contente-toi
Allons, n'hésite pas
Faut savoir ici-bas
Faire son choix.

Et noyer son cafard
Dans un coup de pinard
Mais ne pas en boir' trop
Car ce n'est pas de l'eau.

La chambre était trop chère
Vaut mieux coucher par terre
Que de prendre
Un repas par semaine
Oui car cela vous mène
Sans attendre

À des tas d'idées noires
Qui vous torturent le soir
Dans votre lit
Vaut mieux coucher au vent
Se garder de l'argent
Pour l'appétit.

Et noyer son cafard
Dans un coup de pinard
Mais ne pas en boir' trop
Car ce n'est pas de l'eau.

En sortant des barreaux
Si tu prends le bateau
Pour reprendre
Là-bas à l'étranger
Un' vie déjà ratée
Mais à vendre
Pour devenir honnête
Ne te cass' pas la tête
Y'a qu'une loi
Pour ne pas se fair' pendre
Ne jamais se fair' prendre
Rappelle-toi.

Et noyer son cafard
Dans un coup de pinard
Mais ne pas en boir' trop
Car ce n'est pas de l'eau.

Le mauvais guitariste
Qui se disait artiste
Dans le fleuve
S'est jeté cette nuit
Il avait pour amie
Une veuve
Qui s'marrait tout le temps
S'marre encor' maintenant
Elle s'en fout
Faut savoir être heureux
Quelques fois si l'on n'veut
Devenir fou

Et noyer son cafard
Dans un coup de pinard
Mais ne pas en boir' trop
Car ce n'est pas de l'eau.

La brosse

Tout l'Québec est sur la brosse
Tout le Québec fait la noce
De Noranda à Gaspé
Tout le monde est ben tanné.

Les ministres sont sur la brosse
Pour oublier leurs crocheries.
Les médecins sont sur la brosse
Pour oublier l'or qui jaunit.
Les avocats sont sur la brosse
Pour oublier leurs trafiquages.
Tous les juges sont sur la brosse
Pour oublier leurs marchandages.
Les policiers sont sur la brosse
Pour oublier tout ce qu'ils voient.
Monsieur le maire est sur la brosse
Pour oublier ce qu'il fait pas.
Les députés tous sur la brosse
Pour oublier qu'ils peuvent rien.
Et les curés sont sur la brosse
Pour tout c'qu'ils ont fait aux chrétiens.

Les ouvriers sont sur la brosse
Pour oublier qu'ils s'font fourrer.
Le patronnat est sur la brosse
Ne pouvant plus se regarder.
Tous les marchands sont sur la brosse
Parc' qu'ils sont débordés d'remords.
Les financiers sont sur la brosse
Parc' qu'ils savent bien qu'ils ont tort.
Les syndiqués sont sur la brosse
N'arrivant jamais à s'entendre.
Les artistes sont sur la brosse
Ne pouvant pas se faire comprendre.
Les féministes sont sur la brosse

Parc' qu'ell's veulent se libérer.
Les étudiants sont sur la brosse
Parce qu'ils sont tous mélangés.

Les laitiers sont sur la brosse
Pour faire comm' les boulangers
Qu'ont commencé à fair' la noce
En mêm' temps que les plâtriers.
Les métallos sont à taverne
Où les matelots noient leur peine
Tandis que les bûch'rons en ville
Font un party avec des filles.
Les pompiers fêt'nt leur capitaine
Qui prend sa r'traite dans une semaine.
Chez Brisebois automobile
On finit la soirée au Grill.
Tandis que ce maudit Fernand
Boit tout' sa paye avec Armand.
Deux requins sans remords, sans honte
Ont débouché un quarante onces.

Tout l'Québec est sur la brosse
Tout le Québec fait la noce
De Noranda à Gaspé
Tout le monde est ben tanné.

Tout l'Québec est sur la brosse
Tout le Québec fait la noce
Tout le monde est ben tanné
Pis un jour ça va péter.

La fête à la Barmaid

À la fête à la Barmaid
Tous les amis étaient là,
Ils se sont pactés ben raide
Et puis ils ont beuglé ça.
Lui ont donné la bascule
En regardant ses culottes
Ça s'tassait dans l'vestibule
Pour ne pas manquer la « shot ».

Ce n'est pas demain l'année
Où l'homm' sera civilisé.

À la fête à la Barmaid
C'était cinq piastres pour entrer
Mais après plus besoin d'aide
Pour savoir où s'garrocher.
Le bar était plein de verres
Qui attendaient de bons bras
Et les gars entr' deux « calvaires »
Se défonçaient l'estomac.

Ce n'est pas demain l'année
Où l'homm' sera civilisé.

À la fête à la Barmaid
Y'ont fait venir un artiste
Qui connaissait les ténèbres,
L'épaisseur de son public.
Y'a raconté des histoires
À fair' rougir un bordel
Et puis tout son auditoire
Le trouvait spirituel.

Ce n'est pas demain l'année
Où l'homm' sera civilisé.

À la fête à la Barmaid
Y'a eu un' petit' bataille
Comme un genre d'intermède
Pour digérer la volaille.
Y s'sont tapochés un peu.
Y'a eu des cris et des bleus,
Des vieilles rancunes de bar
Et y'ont mis deux filles dehors.

Ce n'est pas demain l'année
Où l'homm' sera civilisé.

À la fête à la Barmaid
Le lend'main a été dur,
Et je vous dis que la plèbe
Avait des drôl's de figure.
Ils se sont pointés au bar
Pour essayer de s'ram'ner,
Ont pris deux, trois petits forts
Pis ont r'commencé l'party.

Ce n'est pas demain l'année
Où l'homm' sera civilisé.

Le cœur séché

Dans ce petit bar de la nuit,
D'un village perdu,
J'ai vu le cœur séché,
Autour du comptoir qui nous
Unissait,
Étaient assis
Des hommes et des femmes d'acier,
Dont la sensibilité,
L'humanité,
Semblaient s'être évanouies.
Le cœur de pierre était présent,
Là où il n'y a ni amour…
Ni beauté…
Ni fraternité.
La barmaid,
Belle comme une déesse,
Ressemblait pourtant à de la matière
Sans âme.
Dans ce petit bar perdu
J'ai vu la déchéance de l'homme;
Des rapports durs,
Sans amitié,
Sans chaleur,
Sans bonté.
Comme si l'être s'était
Momifié
Pour n'être plus qu'un robot,
Dont les mouvements
Et les paroles
Sont devenus mécaniques,
Inhumains.

LA MORT

Une chose est sûre, la mort, c'est la grande inconnue. Personne n'en sait rien. Le Seigneur a joué là-dessus. On n'sait rien. On ne sait pas d'où on vient, où on va, comment ça s'est fait tout ça. On n'sait rien. C'est l'inconnu.

Notre Seigneur a joué sur l'inconnu, mais c'était un homme qui était bon. Il a prêché. Il a fait la seule chose qu'il avait à faire, prêché la morale pour qu'on soit heureux avec nous et les autres et qu'on vive en paix. Il a donné un espoir à la souffrance, à la mort, à tous les problèmes fondamentaux, l'injustice, la misère. Il a parlé de la justice pour la fin des temps, du jugement, d'une autre vie, d'une autre mort, la résurrection. Il était fort, le bonhomme, parce que tous les problèmes, il en a fait le tour. De la mort, il a dit que c'était le début d'une autre vie. Tout ça c'est axé sur l'inconnu. Ils nous disent qu'il faut avoir la foi, qu'il faut y croire, mais ce n'est pas parce qu'on y croit, que ça veut dire que c'est vrai et ce n'est pas parce qu'on y croit pas que ça veut dire que ça n'existe pas non plus. On est face à l'inconnu. Or, ceux qui croient ont des vies plus détendues. Ceux qui ont la foi supportent mieux la misère, l'injustice, la maladie, que ceux qui ne l'ont pas. Ceux qui ne l'ont pas, y se tuent. Alors, c'est l'inconnu.

Il nous a montré comment être heureux avec nous. Il nous a appris le renoncement. C'est grand ça, le renoncement, parce que les gens ont leur vie brisée par l'envie, l'ambition, l'enrichissement, le prestige, toutes ces choses-là. Ils se battent pour ça et brisent leur vie. Tandis que le renoncement, la soumission, dans les pays arabes, ils sont beaucoup plus avancés sur ce côté-là, la soumission. Les Arabes, ils ont une espèce de fatalité dans leur vie. Ils sont soumis à tout ce qui arrive, à leur condition. C'est bien, mais ce qui n'est pas bien, c'est qu'ils nous envient, qu'ils veulent faire comme nous autres, mais non, justement, il ne faut pas faire comme nous autres. Quand même ils n'auraient pas toutes les bébelles, tout le matériel qu'on a, ça pas d'importance ça. Ils sont pauvres, soumis, mais ne se révoltent pas. C'est ça qu'il disait, le Seigneur : « Si vous êtes un esclave, soyez un bon esclave; si vous êtes ouvrier ou femme de chambre, faites bien ce que vous avez à faire. Soyez heureux de ce que vous êtes. » Ça vient de la philosophie chinoise ça. Ils sont soumis. Il arrive un ouragan… c'est ça… Ici, il tombe deux pouces de neige et ça fait monter le taux de suicide. Dans les A.A., c'est ça qu'ils nous enseignent, la soumission, l'acceptation, parce que nous autres, les alcooliques, on est en révolte tout le temps. On n'accepte rien, pis on haït tout. Le fameux lâcher-prise, c'est ça qu'on nous enseigne dans les A.A. Il y a des affaires contre lesquelles tu ne peux rien. C'est immense, le monde. C'est compliqué. Il y a bien des sociétés, des philosophies. C'est pas nous autres qui pouvons changer ça; quand même qu'on se révolterait cent fois, ça changerait quasiment rien. Tu te détruis, toi, c'est tout. C'est beau l'enseignement, le renoncement, la bible, la foi, l'inconnu...

Je n'ai pas peur de la mort. Je ne m'attends pas à me retrouver en enfer. J'en sais rien. J'en sais rien, c'est tout. Ce qui me fait de quoi, c'est les gens qu'on abandonne. Les gens, quand on meurt, qu'on aimait, nos habitudes, le pays, les coins qu'on appréciait, ça, c'est plate, c'est dommage, mais une fois que t'es endormi, tu t'apercevras plus jamais de rien. Tu sauras plus jamais rien, même pas d'avoir existé, mais... à moins que, à moins que, mais personne ne le sait. Alors, il y en a qui s'attachent par la pensée à l'espoir d'un autre monde. Les gens sont tellement naïfs, qu'ils pensent qu'ils vont retrouver leur famille, qu'ils vont se retrouver en gang. C'est enfantin ça. Ils sont comme ça. Ils croient qu'ils vont se retrouver. De toute façon, ils peuvent croire tout ce qu'ils veulent, si ça peut les aider, tant mieux. Sauf qu'ils n'en savent rien, ce n'est pas parce que l'on croit que c'est vrai et ce n'est pas parce qu'on ne croit pas que ce n'est pas vrai. Ça fait que, d'un bord ou de l'autre, on est pogné. On est donc pogné devant l'inconnu, c'est pour ça qu'il ne faut pas trop s'attarder à des pensées négatives.

La mort? On s'endort. Les gens que j'ai vus mourir, ils s'endormaient. Le dernier souffle. J'ai vu un dernier souffle; ma sœur, Claire. Son dernier souffle. On part comme une chandelle. C'est ça le mot juste : on s'éteint. On s'éteint. On apparaît pis on disparaît. C'est un truc de magicien au fond, la mort. C'est la route à faire pour trouver l'apaisement, faut croire.

Moi, j'encourage les gens à croire. Si c'est dans leurs possibilités de croire, ce n'est pas mauvais. Le problème, c'est que l'humain a toujours senti le besoin d'expliquer la mort. Bouddha dit que l'on revient tant que l'on n'a pas fait une bonne vie. Quand t'as atteint une certaine sagesse, un tel niveau de compréhension, ça a l'air que t'es rendu.

Tout le monde veut donner un sens à sa vie. Les Égyptiens croyaient qu'ils partaient dans un autre monde. Leur famille apportait même de la nourriture et des effets pour le voyage. Quand ils revenaient, si c'était encore là, ils disaient : « Coudon, y'avait pas faim. » Toutes les civilisations ont leurs rituels funéraires et leurs croyances.

C'est pas compliqué, le Seigneur a dit : « Cherchez le royaume de Dieu et sa justice, le reste vous sera donné en surplus. » Donc, le royaume de Dieu, c'est la justice. C'est peut-être ça, la seule justice. La mort, tôt ou tard, tout le monde finit par s'éteindre, riche ou pauvre, noir ou blanc, tout le monde.

Au fond, la mort, ça doit être ça, je crois bien : on s'éteint.

À nos morts

À nos morts,
Les faibles et les forts,
Les braves et les salauds,
Les rusés, les nigauds,
Ceux qui étaient soldats
Toujours prêts au combat,
Ceux qui les envoyaient,
Qui n'y allaient jamais.
Ceux qu'avaient dans leurs coffres
La demande et puis l'offre,
Qui géraient à leur gré
La faim d'l'humanité.
Ceux qu'étaient orgueilleux.
Qui furent humiliés,
Ceux qu'étaient paresseux,
Qui durent travailler.
Ceux qu'étaient beaux garçons,
Qu'avaient dix-huit maîtresses,
Ceux qu'avaient des boutons,
Qui buvaient leur détresse.
Ceux qu'étaient en prison
Pour avoir pris des poules,
Ceux qui dans leur salon
En paix volaient les foules,

À nos morts,
Les faibles et les forts,
Les braves et les salauds,
Les rusés, les nigauds,
Ceux qu'avaient des idées
En avant de leur temps,
Qui se sont suicidés
De découragement.
Ceux qui étaient artistes
Et qui troublaient un soir,

Après une vie triste
À rechercher la gloire.
Les juges, les avocats,
Qui pour la politique
foutaient n'importe quoi
Au p'loton tyrannique.
Les marchands de coton
Qui avaient des esclaves,
Les marchands de canons,
Qui avaient des cadavres.
Les clochards, les valets,
Qui se battaient entre eux,
Tandis qu'dans son Palais
Le roi profitait d'eux.

À nos morts,
Les faibles et les forts,
Les braves, les salauds
Les rusés, les nigauds.
Cette chanson leur est dédiée,
Car depuis rien n'a changé.

Éternité

Nous sommes d'une espèce
Périssable
L'Éternité ne nous appartient
Pas.
Elle est dans le renouvellement
Des choses et des formes
Tout passe et tout change
Indéfiniment.
Nulle espèce ne peut aspirer
À l'Éternité.
« Cendres et poussière ».
Si les hommes sentaient la fragilité
De leur essence,
Ils vivraient autrement
Et comprendraient qu'ils peuvent
Disparaître,
Sans que cela ne change rien
À la continuité de la vie.

Les peines du monde

Lorsque je mourrai,
J'essaierai d'apporter avec moi
Toutes les peines du monde
Pour qu'enfin les enfants
Ne pleurent plus,
Les vieillards puissent
Vieillir sans tourment
Et les hommes profiter de la vie.
Dans une grande valise,
Qu'on me donnera
Je mettrai
Toutes les peines du monde
La solitude... la faim...
Le froid... la peur...
les regrets... la haine...
Le temps...
Et, juste avant de mourir,
Je dirai : Mon Dieu,
J'apporte avec moi
Toutes les peines du monde.
Faites qu'il n'y en ait plus jamais.
Et quand plus tard,
Beaucoup plus tard...
On ouvrira ma tombe,
Il n'y aura plus de valise,
Qu'un pauvre squelette.
Et s'il y a encore de la peine
Sur terre...
Alors il faudra me pardonner.

L'espoir est mort

Ce qui va arriver
Va ressembler à l'enfer.
Les techniques de répression
Vont sans cesse se raffiner.
Les gouvernements vont devenir
De plus en plus totalitaires.
Les libertés seront précises
Et réglementées.
Les hommes vivront
Dans un affreux carcan.
Ils deviendront des esclaves
Propres et confortables.
Ils n'auront plus le droit de penser.
Les forces de l'ordre seront
De plus en plus nombreuses et présentes.
Les gens seront tués
Et torturés
Sans que personne
N'y puisse rien
Ni même ne bouge.

L'espoir est mort.

Divers

Comme nous aurons l'air ridicule dans notre tombe et comme notre squelette fera pitié à notre vie mesquine.

Un jour viendra la grande fatigue où tous les hommes désireront la mort parce qu'ils ne trouveront plus en ce monde la lumière, la paix et l'espoir nécessaires à la joie d'exister.

La vie est un miracle qui est dur à porter.

La folie est une maladie grave. Ceux qui en sont atteints l'ignorent souvent et les autres aussi.

Ce n'est pas d'avoir fait l'homme qui est une erreur, c'est d'en avoir fait deux.

Nous avons tous une autre âme qui n'est pas vivable.

Deux évidences : l'homme n'est pas intelligent et il n'y a jamais eu de civilisations.

La vie est un crime contre l'homme. La preuve : on meurt.

Dieu veille sur nous, aussi longtemps que les hommes ne s'en mêlent pas.

Je ne saurai jamais ce que c'est qu'être un grand homme, mais un petit... c'est pénible.

C'est affreux de penser à tout le mal que peut faire un seul homme servi par une multitude de crétins.

Libre. Être libre. Libre de regrets, de remords, de haine, d'angoisse. Libre. Être libre. Pourquoi cela est-il si difficile?

La terre : une immense plaie. Cette époque est contre l'homme.

Au nom de Dieu, il y en a qui perdent le sens de la plus élémentaire logique.

Il ne reste plus qu'à espérer que Dieu soit bon.

Dans le décor

Ils ont peiné, l'cœur à l'ouvrage
Vaincu la vie à force de courage,
Contre la faim et contre leur prochain.
Ils auront combattu jusqu'à la fin,
Tous ceux qui sont passés dans le décor,
Et puis encore... et puis encore...

Ils ont souffert de peur, de solitude,
Ils ont connu l'horreur des habitudes,
La maladie et puis les déceptions,
Et comme nous ont cherché des raisons,
Tout ceux qui sont passés dans le décor,
Et puis encore... et puis encore...

Ils ont aimé aux beaux jours de leur temps.
Ils ont aimé, même sincèrement,
Quand lentement naquit l'accoutumance.
Au fil des jours ils rêvèrent en silence,
Tous ceux qui sont passés dans le décor,
Et puis encore... et puis encore...

Malgré la peine et les vicissitudes,
Jamais ils ne cessèrent d'espérer,
Hélas! leur vie ne fut que servitude,
Et ils moururent sans avoir trouvé,
Tous ceux qui sont passés dans le décor,
Et puis encore... et puis encore.

Quelle heure est-il?

Quelle heure est-il toujours la même même,
Le temps s'en vient, le temps s'en va,
Où l'on s'avoue « Je t'aime t'aime t'aime »
Mais ça ne dure dure pas,
Car tout n'est que mensonge songe songe
Les amoureux sont des enfants,
Blottis au fond d'un songe songe songe,
Autant en emporte le vent.

Où êtes-vous, amoureux des poèmes?
Qu'avez-vous fait de vos serments?
Pourtant quand vous juriez « Je t'aime t'aime t'aime »
Vous le pensiez sincèrement,
Mais le malheur qui guette guette guette
Vous avait déjà condamnés,
Les amoureux sont bêtes bêtes bêtes
Car ils croient que tout va durer.

Quelle heure est-il toujours la même même,
Le temps s'en vient, le temps s'en va,
C'est un système thème thème thème
Qui ne sait qu'une seule loi,
Les hommes passent passent passent passent
Croyant souffrir, croyant aimer,
Mais la plupart trépassent passent passent
Sans jamais avoir existé.

Nous ne sommes que pauvres choses choses,
Où allons-nous, d'où venons-nous?
Mais, mon Dieu, que mon âme se repose
Près de celle qui vient de vous,
Je ne comprends rien à tous vos mystères,
Je sais que rien ne durera,
Mais je veux dormir dans la terre terre,
Auprès de celle qui m'aima.

Quelle heure est-il toujours la même même,
Le temps s'en vient, le temps s'en va,
Y'a rien de vrai… mais moi je t'aime t'aime
Et je veux mourir près de toi.

À propos du suicide

Si des gens en viennent à décider que leur vie est insupportable, c'est souvent dû à une situation économique déplorable et angoissante. J'ai connu, au cours de ma vie, des périodes où, désargenté et angoissé, je songeais au suicide. Je crois que la meilleure façon de combattre ce fléau, c'est encore de voir à ce que les gens puissent se loger, manger et se vêtir d'une façon convenable. Cela ressemble à une vérité de La Palice, mais c'est pourtant une bonne part de la solution.

Jeunesse-suicide

Qu'il est triste de voir
Mourir
Ceux qui dans la fleur de leur
Vingt ans
Perdent espoir en la vie
Devant les faits cruels
De la réalité.

Qu'il est triste de voir
Mourir
Ceux dont l'âme se berce
De beauté
Assoiffée d'idéal
D'un monde qui serait juste
Plus noble, plus généreux.

Qu'il est triste de voir
Mourir
Écrasés d'incompréhension
Ou bien d'indifférence
Ceux qui souvent sont les
Meilleurs.

Ils s'enferment en eux-mêmes
Et cachent leurs tourments
Souvent pendant longtemps,
Sans rien dire à personne;
Puis un jour comme pour se venger
S'enlèvent la vie de leur plein gré.

Qu'il est triste de voir
Mourir,
Tant de jeunes filles, de jeunes gens,
Toi que je ne connais pas

Si tu entends ma voix
Ne fais rien de cela
Mais vis en cherchant chaque jour
À mettre un peu d'espoir
À mettre un peu d'amour.

Marise

Pourquoi la mort, Marise
Pourquoi la mort
Tu étais si belle, Marise
Tu étais si belle
Nous t'aimions tant, Marise
Nous t'aimions tant
Pourquoi la mort, Marise
Pourquoi?

Si nous pouvions, Marise
Si nous pouvions
Vivre toujours, Marise
Vivre toujours
Qu'il n'y aurait plus, Marise
Qu'il n'y aurait plus
Le grand Adieu, Marise
L'Adieu

Que nous pourrions, Marise
Que nous pourrions
Aller au bout, Marise
Aller au bout
De tous nos rêves, Marise
De tous nos rêves
Pourquoi la mort, Marise
Pourquoi?

Ah! C'est si dur, Marise
Ah! C'est si dur
Savoir qu'un jour, Marise
Savoir qu'un jour
Il n'y aura plus, Marise
Il n'y aura plus
De lendemain, Marise
Demain

Qu'avons-nous fait, Marise
Qu'avons-nous fait
Que sommes-nous, Marise
Que sommes-nous
Où allons-nous, Marise
Où allons-nous
Pourquoi la mort, Marise
Pourquoi?

L'AMÉRIQUE
EST UN MENSONGE - 2

Recueil de poèmes - 2007

De la descendance

Comme ils vont nous aimer ceux de demain,
Nos descendants,
De se retrouver dans un
monde-poubelle,
Avec des déchets partout,
Une mer brunâtre,
De l'air irrespirable,
Des champs desséchés
où ne poussera plus que l'herbe jaunie.
Partout la famine,
Une chaleur étouffante,
Des forêts saccagées,
disparues.
Tout cela le fruit de la
société industrielle
et d'une loi du profit démentielle.
Démence... folie… tel aura été
le règne des banquiers,
de l'argent.

De nos vies perdues

Nous nous serons tous fait voler nos vies
par l'obligation qui nous est faite
de la gagner,
De payer pour tout,
De tout acheter.
Cela n'est qu'un conditionnement mensongé,
Une déformation des paroles
Bibliques,
Qui n'impliquaient pas de s'enchaîner
à un travail dans des usines
ou des espaces à bureau
pour enrichir un patronat
invincible mais si présent.
« Tu gagneras ta vie... » principe élémentaire,
a été détourné par les exploiteurs.
Ainsi passent les jours sans que nous puissions profiter
du soleil et de la joie d'exister.

Des temps perdus

Ce n'est pas d'aujourd'hui que des savants
ont cherché le secret de la vie
pour déclencher un cataclysme dont la nature
a été marquée et qui s'est révélée
dans tous ces monstres préhistoriques
qui ont suivi la Renaissance.
D'où l'homme taré et de l'esprit du mal
dans le monde.
Victime de l'habitude les humains ne semblent
pas se rendre compte de tout
de ce qu'il y a de démentiel dans leurs valeurs
et leur comportement,
Résultat de cette catastrophe
d'un autre temps.

De l'espèce

C'est une des grandes erreurs de l'histoire
de croire et d'avoir fait croire
que l'espèce humaine est sacrée
un cas à part dans la nature,
vouée à un destin supérieur
qui se poursuit même au-delà
de la mort.
Pourtant les hommes ne sont qu'une espèce
parmi d'autres,
vouée à la mort et à la destruction.
Nul paradis dans l'inconnu.
La parole des hommes savants ou religieux
qui témoignent d'un destin à part
pour l'être humain n'est qu'un mensonge
entretenu et que l'on fait reluire
constamment.
Ainsi l'homme se croyant un être divin,
se permet de se détruire dans des guerres
de plus en plus catastrophiques
et dans d'orgueilleuses recherches qui dérèglent
l'ordre des choses et conduit l'espèce
à sa perte.

Les États

Les États sont des oppresseurs.
Quand ce n'est pas le cas
ce sont des voleurs.
Les États sont à l'image de l'homme déchu :
malhonnêtes-trompeurs-
oppresseurs-calculateurs-
manipulateurs.
Tous les peuples, tous les hommes subissent
le joug des États.
Pour exister les États
ont besoin d'un territoire
qu'ils nomment : Patrie.
Il leur faut un signe de ralliement :
Le Drapeau
qui crée aussi un sentiment de solidarité
entre les citoyens.
Aussi l'histoire, ces drames lointains
Que les États perpétuent par la mémoire
Pour créer une fierté nationale
qui n'est que conditionnement
et mensonges.

De la politique

Politique.
Tout est politique.
Avec ses combines,
Ses intérêts,
Ses ambitions,
Ses mensonges.
Tels sont les hommes
qui dirigent le monde
À l'image de l'âme perfide dont nous avons
hérité depuis ces temps
dont nous ne savons rien.
Nous portons le poids d'une déchéance
dont nous ne sommes point responsables.
Tel est le drame de l'existence.
Si vous cherchez dans vos lunettes
quelques planètes lointaines
Priez pour
Qu'il n'y ait pas quelques êtres
qui nous ressemblent
Car alors c'est tout l'univers qui explosera
Comme cela fut dans ces temps
qui nous tourmentent,
et dont nous portons le poids.

Les prisons

Toutes pleines à craquer
qu'elles soient,
Elles sont quand même vides
les prisons.
Les assassins
les voleurs
sont toujours en liberté
et pillent le monde,
massacrent les peuples
et font de bonnes affaires.
Il faudra bien un jour
que la justice enlève son bandeau.

La vinasse

La France tient son peuple abruti
de travail et de mensonges
par la vinasse.
C'est au Bistro que l'on oublie ses misères
et que l'on trouve un peu de compréhension
fraternelle.
Mais l'Angleterre ne fait guère mieux.
Et l'Amérique!
Ici au Québec ce sont les tavernes
où les amis parlent de sport
en se racontant quelques bonnes blagues
grivoises.
Tous les États du monde incapables d'établir
une justice sociale,
Permettent à leurs esclaves de se détruire
et de tout oublier dans l'ivresse.

De l'Afrique

Les Blancs ont fait tant de mal
aux Noirs,
Les ont laissés dans un tel
état de misère,
Que, ne sachant trop comment réparer,
préfèrent ne pas les aider,
et les voir disparaître
tel qu'ils le souhaitent,
rongés par cent sortes de maladies
ou s'entretuant dans des guerres
fratricides.

De l'automobile

Ce qu'il y a de bien,
lorsque nous périrons tous
asphyxiés,
C'est que tout le monde y aura
participé.
Pas la faute de l'un ou
d'un autre.
TOUS.
Tous nous aurons pesé allègrement
Sur le champignon,
Pédale au plancher,
Se grisant de vitesse,
Polluant l'atmosphère
Tout en conduisant l'espèce humaine
à sa perte.

De l'intelligence

De l'intelligence... dont ils parlent!
Que nous serions des êtres intelligents!
Mais où ça?
Vous avez vu quelque chose?
Serait-ce la pollution industrielle
qui menace notre survie?
Serait-ce ces tueries, ces massacres
des grandes guerres?
Serait-ce le saccage de nos forêts,
la disparition des morues
et combien d'autres espèces.
Serait-ce ceux que la nature condamne
et que la recherche médicale
fait vivre malgré tout.
Pourquoi?
Serait-ce la triste réalité de ces pauvres gens
qui vivent dans la rue?
La musique, les arts, la science
ce n'est pas l'essentiel.
Ce qui l'est est ignoré
ou caché.

Destruction

C'est du refus global dont il s'agit.
Cette civilisation n'a aucun sens,
Elle est immorale, contre nature
et nous conduit vers notre destruction.

Le mensonge

Le mensonge est entré dans
le monde
et oblige les hommes à gagner
leur vie
Au bénéfice des exploiteurs
et des puissants.
Il a conditionné des soldats au Devoir,
à l'obéissance,
pour servir une Patrie
qui n'est que la raison d'être
des États,
et la chasse gardée des possédants.
C'est pour des raisons politiques,
économiques,
dont ils savent peu,
qu'ils donnent leur vie
sous les plis d'un drapeau.
Le mensonge a fait de cette vie
un passage obligatoire
pour payer son entrée dans un
autre monde.
Le mensonge est le maître d'œuvre
de la condition humaine.

De la corruption

Si l'homme n'est pas naturellement bon
il peut devenir totalement mauvais
par les valeurs qui l'animent.
D'abord celles de l'argent, de l'enrichissement
qui dressent les uns contre les autres;
animés par leurs désirs de puissance,
de domination, d'exploitation;
accumulant toujours plus dans des coffres secrets,
des montagnes de dollars qui ne servent qu'à créer
un sentiment de grandeur,
d'importance.
Et la notion de Patrie qui crée des classes privilégiées,
foncièrement corrompues,
ne pensant qu'à leur bien-être,
sentiment qui ne cesse jamais et grandit
dans l'orgueil et l'égoïsme.
Ce sont ces deux valeurs qui font de l'homme
un être mauvais et destructeur.

Civilisation

Ne vous faites pas d'illusions
l'espèce humaine ne survivra pas
à cette civilisation.
Par les moteurs à combustion
et aux tonnes de polluants déversés
dans l'atmosphère
par les industries
l'air va se raréfier.
Viendra un temps où en quelques jours
des milliards d'humains périront étouffés,
la nature se desséchera
et toutes espèces périront de la sorte.
Voilà où nous aura conduits cette civilisation
industrielle
liée à la bêtise et à la soif de la possession.

S'il en retire quelques avantages
il paie pour tout,
il n'y a rien de gratuit.
C'est pour défendre son esclavage
que parfois ses Maîtres l'envoient à la guerre,
défendre des biens dont il ne possède rien.
Et la conscription....
le crime des crimes... c'est voler une vie...
contre la volonté de ceux qui s'y refusent.
La conscription... un des plus grands crimes contre
l'humanité.
Mensonge, Conditionnement, Détournement
Telle est la somme de la condition humaine... de la folie
humaine.
Mais que s'est-il passé pour que les hommes
soient ce qu'ils sont?

De l'autre monde

Comme l'espoir n'est pas
de ce monde.
Il a bien fallu le mettre
quelque part
pour que tous les misérables continuent
à porter le poids de leur vie.
L'espoir est ailleurs.
Il fallait y penser.
Aussi grand que soit le mensonge,
Malgré tout, l'espoir grandit
ceux qui espèrent
et souvent rend les hommes meilleurs.

De l'injustice

L'injustice sociale provient
de la dureté du cœur,
De l'indifférence au sort des autres.
Dans nos sociétés dites civilisées
chacun suit son chemin
attelé à ses ambitions,
son bien-être,
donnant quelques sous aux misérables
qui tendent la main.
Qui se préoccupe des familles
où des enfants attendent affamés
une soupe claire et un bout de pain.
Des bonnes œuvres tendent à combler
ce vide,
mais cela n'est pas suffisant.
Il leur est impossible de soulager
tous les malheurs.
Et qui se révolte contre la dette
imposée aux pays pauvres
qui crèvent sous le poids
des banquiers internationaux.
L'injustice est dans le cœur
et le monde entier vit
sous son règne crapuleux.

La fortune

L'enrichissement est une forme de maladie
de l'esprit.
Est-il nécessaire de devenir riche,
Est-ce que cela apaise l'angoisse?
Soulage nos soucis quotidiens?
Le poids de la vie est le même pour tous
et le confort moelleux ne règle rien.
L'estomac bien rempli n'apaise point
la frayeur du lendemain
ou de la mort.
Il n'y a que la générosité du cœur,
Que la charité pour combler notre solitude
et justifier l'inutilité d'être.

Des banques

Chers citoyens de mon pays.
Vous vous croyez libres mais
à chaque coin de rue
il y a un gros œil qui vous surveille
Et c'est celui des banques.
Vous êtes leurs esclaves;
sans leurs petits papiers vous ne pouvez
rien faire.
Et pour y avoir droit vous devez travailler;
si vous n'avez pas de travail
le gouvernement vous en fournira quelques-uns
Pour que vous puissiez manger un peu
et avoir un toit.
Que dis-je!
Un taudis.
Et manger j'exagère encore.
Avec ce que l'on vous donne
vous pouvez à peine survivre.
Les banquiers se sont emparés du monde
et ont fait de chacun un misérable.
Même ceux qui reçoivent un meilleur salaire
en sont aussi
enchaînés à un horaire, une usine,
un bureau
Où s'égrènent les heures de leur vie perdue.

Société industrielle

Le monde n'a pas été créé
pour une société industrielle.
C'est de cela qu'il s'agit
et dont nous devons prendre conscience.
La société industrielle est contraire
à la nature;
détruit tout et ne respecte rien.
Voyez cette pollution produite
par les cheminées des grandes usines.
Voyez tous ces poisons que nous
déversons dans la nature;
ce smog dû aux moteurs à combustion,
qui s'accumule dans l'atmosphère,
et nous sera rendu
sous forme de déluges, d'ouragans
ou de sécheresses.
Si l'espèce humaine en vient
à se détruire
le temps effacera tout de son passage.
Quand après un long silence
la vie renaîtra sous d'autres formes,
qui donc saura que nous aurons existé.

Le pouvoir

Le pouvoir qui soumet et exploite
les hommes
a toujours attiré les fous
et les sanguinaires.
Tandis que dans des universités
Des sages réfléchissent;
que dans des monastères
des hommes pieux prient,
Se larmoyant sur la condition humaine,
Les fous agissent.
Ils écrasent les peuples
par le travail, la misère et l'exploitation.
Ils dressent des hommes à s'entretuer
dans des champs
dits « de bataille »
Se tirant dessus,
s'achevant à la baïonnette.
Que font les hommes sages
et les moines pieux
pour arrêter ces tueries sans nom?
Rien!
Que quelques paroles nobles pour dire
que ce n'est pas bien.
C'est tout.
Les fous ont toute la terre à eux,
saccagent, détruisent et mettent la création en danger.
L'homme peut-il disparaître?
Naturellement.
Il y a une logique aux choses.
« Nous récoltons ce que nous semons », dit la Bible.
Et c'est bien ce qui va arriver.

De l'argent

La mainmise des hommes d'argent
sur le monde
Est à la base de toutes
les injustices,
de l'exploitation de l'homme
par l'homme,
Et de la misère humaine.
Hommes d'argent vous êtes
des criminels.
C'est vous qui avez fait des hommes
des esclaves.
Vous portez tous les malheurs
du monde
Dans la froideur de votre avoir.
Vous avez tout sali, tout gâché.
Que de gens simples et bons
ont eu leur vie rapetissée;
que d'enfants ont grandi misérables
par la dureté de votre cœur.
Que d'amours... que de jours...
que de joies
se sont brisés sur les rives
de votre cruauté,
de votre bêtise.

Du commerce

Le commerce est un des grands
fléaux de ce monde.
Il encourage la malhonnêteté,
le mensonge,
L'hypocrisie, le vol,
Divise les uns contre les autres.
Les marchands les plus riches
sont les plus malhonnêtes
et chacun de les admirer,
cherchant à les imiter.
Le commerce est contraire à la justice,
au partage et à une société
plus généreuse.

Le procès

Le grand procès de la fin des temps
jugera les maîtres,
les exploiteurs qui ont fait de la terre un lieu
de souffrances.
Il jugera les rois ou les empereurs
qui firent des pauvres hommes
de la chair à canon.
Il jugera les banquiers,
les hommes d'argent qui par leur soif
ou gain
Ont écrasé les peuples.
Il jugera ceux qui ont soumis les misérables
à leur destin en leur faisant miroiter
un monde meilleur.
Ce ne seront pas les petits larcins
qui seront jugés,
Mais bien les crimes de ceux qui étaient
les maîtres de ce monde.

De l'obéissance

Le plus grand crime contre l'humanité
est le conditionnement auquel
les soldats sont soumis.
Dressés par des notions d'obéissance,
de Devoir, d'Honneur,
de Patrie
qui les dressent les uns contre les autres.
Les hommes du pouvoir justifient
leur présence,
Par des titres, des fonctions.
Et les humbles entretiennent
ces castes privilégiées
convaincus que sans elles
ils ne pourraient rien.
Tout cela n'est que mensonge et conditionnement.
Soldats prenez conscience
que les hommes d'État
se servent de vous pour des intérêts
économiques,
des raisons politiques.
Vous donnez votre vie pour des puissants
qui vous méprisent.

Les zélés

Voyez-les, les Zélés
Qui sous les ordres de Staline
Ont déporté des coins de pays,
Des populations entières,
Dans des trains de bestiaux,
Déversant leurs chargements
D'hommes, de femmes et d'enfants,
Dans des plaines froides
Et désertes de la Sibérie,
Sans rien à manger,
Obligés de se creuser des trous
Pour s'abriter.
Des milliers en mourront.
Voilà ce qu'ils firent les Zélés
Sous les ordres de Staline.
Sous Hitler ce furent les camps
De la mort.
Sous Mao des grandes famines, organisées,
20 millions de morts.
Les Zélés avec quelques gallons
Sur leurs manches
Et une casquette,
Oeuvrent dans le crime et les meurtres
En obéissant aux ordres.
Je vous maudis les Zélés,
Vous êtes l'horreur
Et le malheur du monde.
Pauvres caves.

Révoltez-vous

Peuples de la terre
révoltez-vous.
Les marchands se sont emparés
du monde
et le conduisent à sa perte.
Soulevez-vous contre
les fausses valeurs
qui font de tous des esclaves.
Tout est mensonge :
Travail
Devoir
Patrie.
Soumis à l'argent
vous vous faites voler vos vies.
Peuples de la terre révoltez-vous.

Conscience

La conscience est par nature tortueuse,
fourbe, malhonnête.
Tous les nobles sentiments s'y brisent.
La générosité et la droiture y trouvent
également leur tombeau.
La conscience est un mot
qui n'a pas de réalité.

Démence

La fin de l'homme sera le fruit
De sa démence.
D'abord l'argent qui détruit tout,
Ne respecte rien par la notion
De profit qui tue l'intelligence.
Et la guerre, ce détournement
De la conscience
Qui s'est emparée des valeurs
Les plus nobles : le devoir,
Le courage, l'honneur,
Pour les inclure dans ces tueries
Qui ne sont que barbarie.
Tout cela tient de la démence
Et détruira les hommes.

Du Seigneur

Le Seigneur a dit des choses
simples et belles.
Il fut le chemin de la lumière,
De la vérité.
Mais des faussaires se sont emparés
de sa grandeur
pour rapetisser et salir
son enseignement.
Là, comme ailleurs,
Satan a mis son empreinte.
La noirceur s'est emparée
des chants les plus beaux,
des plus belles prières
pour en faire un lieu d'inquisitions
Déchirant les plus belles âmes,
Les plus beaux espoirs.

De Dieu

Un soir j'ai rencontré Dieu qui m'a dit :
C'est qui ça le Zorro qui a dit
que vous êtes faits à mon image?
C'est-y écœurant!
J'ai t'y l'air d'un voleur moi?
C'est-y moi qui a fondé Ball-Smart
qui exploite les pauvres travailleurs?
C'est-y moi qui a inventé l'automobile
ce pétard à marde qui est après
polluer toute la planète?
C'est-y moi dans les ligues de hockey mineur
qui saute sur l'arbitre?
C'est-y moi qui a massacré les Indiens, les Arabes,
les Juifs, les Gitans, qui les a parqués
dans des grands fours à gaz?
C'est-y moi qui a jeté une bombe atomique
sur les Japonais,
qui a envoyé 53 mille jeunes se faire massacrer
au Vietnam?
C'est-y moi qui en a envoyé d'autres en Irak?
C'est-y moi qui s'est rempli les poches
avec le scandale des commandites?
C'est-y moi qui a envoyé l'armée en '70?
Qu'est-ce que j'ai fait moi?
Rien… rien pantoute!
J'ai créé des fleurs pis une belle nature
que vous êtes après tout massacrer.
Vous êtes pas plus faits à mon image
que la chatte à ma grand-mère.
Ça fait que, pendant que j'y suis, allez chez l'yable
pis mangez de la...

De la guerre

De la guerre.
Tout le monde est contre la guerre,
mais celle-ci se perpétue toujours
et se perpétuera encore longtemps,
tant que les États dresseront des hommes
à s'entretuer pour des raisons politiques ou économiques;
en les dressant au Devoir, à l'obéissance,
En leur volant leur conscience.
Bien sûr lorsque des envahisseurs sont à nos portes
il est normal que nous les repoussions
et nous sommes reconnaissants envers ces soldats.
Mais ces envahisseurs sont aussi des militaires
dressés à servir leur Patrie,
Faisant leur Devoir.
C'est un cercle vicieux.
De plus les militaires ont guerroyé
dans des conquêtes dites coloniales,
à asservir des peuples.
Des dictateurs se sont imposés
grâce à l'appui des militaires.
Ils ont brimé et assassiné leurs frères et sœurs.
Il faut dénoncer le conditionnement
auquel sont soumis les militaires
sinon la guerre se perpétuera indéfiniment.
Malgré les rappels historiques,
Les honneurs,
La gloire,
Les médailles,
Les monuments aux morts
La guerre sera toujours un acte de Barbarie.

La chose militaire

La chose militaire est celle qui est
la plus stupide au monde
où l'on enseigne à des hommes la violence,
à frapper, à tuer, à devenir comme des robots
sans âme ni conscience,
à simplement obéir aux ordres.
Depuis des millénaires que des milliers d'hommes
se sont tenaillés, éventrés avec des couteaux,
des machettes, des baïonnettes,
Se saignant comme des porcs
tout ça dans le Devoir, l'Honneur et le Courage.
Morts au champ d'honneur, nous dit-on :
il n'y a pas de champ d'honneur
mais plutôt un champ d'horreurs.
Et ces soldats supposément courageux
ne sont que des numéros s'incorporant dans le nombre;
le nombre qui dissimule la lâcheté,
suivant docilement les autres, au pas.
Le courage, le vrai courage
c'est d'être capable d'être seul, s'il le faut,
et de refuser l'obéissance au risque de la prison
ou du peloton d'exécution.
Il faut dénoncer ce à quoi sont dressés les militaires
pour servir les intérêts politiques des États.
Ce sont des pauvres hommes bernés et qui se font tuer
inutilement.
Cela existe depuis toujours
mais il faut que cela cesse.
Il faut informer les peuples de ce mensonge criminel
auquel ils sont conditionnés.
L'ennemi est de la même espèce.
Il obéit et les autres doivent se défendre.
C'est un cercle infernal.
Il n'y a pas d'ennemi.
Que des hommes conditionnés, trompés,

Que l'on envoie s'entretuer
Pour un Drapeau, une Patrie.
Un autre mensonge.
La Patrie n'est que la raison d'être des États.
La chasse gardée des possédants.
Mais pour le peuple ce n'est qu'un lieu
où il se fait exploiter.

Hitler

Aussi étonnant que cela puisse vous paraître
Hitler et Staline n'ont jamais tué personne.
Ce sont les Zélés qui font le travail.
Les Zélés vous leur donnez une petite badge, une grosse
casquette,
un titre ronflant qui leur donne de l'importance
et ils vont faire tout ce que vous leur demanderez.
Tuez-en un million! Ils en tueront un million.
Deux millions...? Deux millions.
Arrachez-lui tout le poil du cul.
Il va pas en rester un seul.
Ils sont ainsi... les Zélés.
Ils font tout ce qu'on leur demande.
Et c'est par eux qu'ont existé les camps de concentration,
Qu'existent les prisons,
Toutes les prisons : froides, humides, sinistres.
Ce sont eux qui torturent,
Vont chercher sous les hurlements
tout ce que le pauvre homme n'a jamais fait.
Les Zélés sont responsables de toutes les horreurs, les
tueries,
sans que les Chefs aient à se mouiller.
Ils ont les mains propres les chefs.
Ils sont clean et se baladent dans des grandes réceptions,
entourés de leurs gardes du corps
et tout le monde leur baise le cul, morts de peur.
Ces zélés sont partout,
pratiquent des petits métiers, inconnus, incognitos.
Mais donnez-leur jamais la chance
de se retrouver avec une badge et un titre flamboyant
car du jour au lendemain ils deviendront
les pires criminels qu'il y a en ce monde.

De l'ennemi

Cet homme affreux
à la tête de monstre,
Mi-civilisé,
Sanguinaire,
Assassin
Que l'on nous envoie tuer
n'est qu'un pauvre homme,
parfois un chômeur, un ouvrier, un paysan...
que l'on a embrigadé de force
pour lui enseigner à tenir le fusil,
à foncer la rage au cœur
pour tuer son prochain.
Ces hommes subissent un conditionnement criminel
Et les États s'en servent pour leurs intérêts
économiques, politiques
dont bien souvent ils ne savent rien.
Dressés aux notions de Patrie, de Devoir, du Drapeau,
ils meurent victimes d'un lavage du cerveau.
Et cela depuis toujours.
Quand donc les hommes s'éveilleront-ils?

Napoléon

Vive Napoléon!
Pourquoi?
Qu'a-t-il fait de si grand
l'Empereur?
Il a voulu se bâtir un Empire.
Soit!
Mais sur combien de cadavres?
De vies détruites,
De pays ravagés.
Est-ce cela la grandeur?
Mais l'histoire de France
en garde un bon souvenir;
l'a élevé au rang des grands hommes.
Elle n'a pas de yeux
l'histoire de France.
Elle ne sait que se regarder
le nombril
qui lui relate des victoires
glorieuses,
Et se ferme le regard
sur toutes les souffrances
qui firent la grandeur
de la France.

Honneur

Qui donc s'est arrêté une seule fois
au fait que ceux qui furent brimés,
assassinés
dans des camps de la mort
furent victimes du conditionnement
auquel sont soumis leurs geôliers.
DEVOIR, OBÉISSANCE.

Déchéance

Tous ces monstres qui ont précédé
La venue de l'homme
Furent le fruit d'une guerre
Atomique lointaine,
Et les tares qui nous habitent
En sont aussi la conséquence.

POÈME

Si vous laissez faire les fous
Ils détruiront tout.
Ces hommes sans conscience
Qui ne songent qu'à leurs intérêts.
L'argent... ce chancre du monde.

Il faudra bien un jour faire
Le procès
De ces industriels,
Ces financiers
Qui ont conduit le monde au bord
Du chaos
Sans respect ni pour les hommes,
Ni pour la nature.
Ce ne serait pas la première fois
Que des êtres dits intelligents
En viennent à se détruire.
Peu de choses demeurent
De ces civilisations.
Ainsi en sera-t-il de la nôtre.
Et la guerre ce conditionnement criminel.
Tout est démentiel,
Tout est le fruit de la démence.

ÉPILOGUE

Se rappeler que le monde est immense,
Que tout est vain et sans grande importance
Et, dans le temps, ne pèse pas beaucoup,
Qu'il faut savoir être heureux avant tout.

Aimer la vie pour ce qu'elle a de beau
Et la choisir, non pas la supporter,
Lui pardonner ses peines et ses maux
Comme une amie qui se serait trompée.

Savoir aussi se pardonner sans gêne,
Sinon la vie devient une prison.
À chaque jour toujours suffit sa peine
Nul n'est parfait, et qui donc a raison?

TABLE DES MATIÈRES

Dans la même collection

BÉGIN, Pierre-Luc, *Michael Ignatieff : un danger pour le Québec?*, 2006.

BÉGIN, Pierre-Luc *et al.*, *Manifeste lucide pour la fin de l'hégémonie fédéraliste sur l'information*, 2006.

BOURGEOIS, Patrick, *Le Canada, un État colonial!*, 2006.

BOURGEOIS, Patrick, *Nos ennemis, les médias. Petit guide pour comprendre la désinformation canadienne*, 2005.

CÔTÉ, Jacques, *Salut l'indépendance! Écrits sociopolitiques*, 2006.

JASMIN, Claude, *Claude Jasmin, le Québécois*, 2007.

MONIÈRE, Denis, *25 ans de souveraineté : Histoire de la République du Québec*, 2006.

ROUSSEAU, Guillaume, *La nation à l'épreuve de l'immigration*, 2006.

TURP, Daniel, *Nous, peuple du Québec. Un projet de constitution du Québec*, 2005.

Les ouvrages des Éditions du Québécois sont disponibles dans toutes les bonnes librairies ou au www.lequebecois.org

JOURNAL *LE QUÉBÉCOIS*

OUI!, je veux m'abonner au journal *LE QUÉBÉCOIS* au prix de 25$ pour un an (cinq numéros) et contribuer à son rayonnement par un don de _____$

Total de la commande : _____$

Nom : _____

Prénom : _____

Adresse : _____

_____

Ville : _____

Code postal : _____

Tél.: ( )_____Courriel : _____

Retournez votre chèque libellé au nom du Journal Le Québécois à l'adresse suivante :

Journal LE QUÉBÉCOIS
4, 15e rue ouest
Sainte-Anne-des-Monts, Québec,
G4V 2R2

Pour information: (418) 763-7247 ou www.lequebecois.org

Fondé en 2001, LE QUÉBÉCOIS est le premier journal consacré essentiellement à la couverture de la question nationale et animé par une ligne éditoriale indépendantiste au Québec depuis les années 1970. LE QUÉBÉCOIS se veut un outil destiné à donner enfin la parole à ceux qui feront bientôt en sorte que notre rêve devienne réalité, ce rêve de l'avènement du pays du Québec. Encourageons la presse libre! Chroniqueurs vedettes : Pierre Falardeau et Claude Jasmin.

Imprimé sur du papier 100% postconsommation
traité sans chlore, certifié Éco-Logo
et fabriqué dans une usine fonctionnant au biogaz.